Cuisine du Nord, du Pas-de-Calais et de la Picardie d'hier & d'aujourd'hui

photographies : Didier Benaouda

Restaurant :

La Marmite de Pierrot
93, rue Poincaré - 59160 Capinghen
www.pierrot-de-lille.com

EDITIONS OUEST-FRANCE

som

maire

introduction

Le Nord n'est pas ce « plat pays » couvert de terrils, de cheminées d'usines ou de friches industrielles, sa gastronomie n'est pas circonscrite aux moules, bière, frites... ainsi que se plaisent à brocarder ceux qui n'ont jamais pris le temps de s'y arrêter ou d'y goûter.

Provençal, volontairement exilé, j'ai eu le privilège de découvrir toutes les richesses et la beauté cachée de cette région trop modeste, j'ai eu la chance de déguster toutes les spécialités de cette cuisine « sans manières ». De la baie de Somme aux monts des Flandres, des Sept Vallées à la forêt de Mormal, il n'est pas une commune qui ne participe à la prospérité de ce terroir où se mêlent toutes les saveurs, tous les parfums, toutes les cultures, dans un heureux mariage entre terre et mer.

De cette variété et de ce capital de produits, les gens du Nord, laborieux, économes et généreux, ont su créer un art de vivre culinaire qui leur est propre et que « Goûtez-moi ça... », l'émission que je dirige sur l'antenne de France 3 Nord - Pas-de-Calais - Picardie, s'efforce de promouvoir depuis près de dix ans. Les recettes sont simples, copieuses, savoureuses et conviviales... à l'image de Pierre Coucke, dit Pierrot, chef emblématique de cette série hebdomadaire et Amphitryon débonnaire des bistrots de Lille et du Touquet.

Héritière des traditions séculaires et débordante d'imagination, sucrée-salée, douce ou légèrement épicée, simple et toujours appétissante, la cuisine des pays du Nord vous invite à dresser une table autour de laquelle, soyez-en sûrs, se presseront de nombreux convives.

Patrick Villlechaize

Photo Samuel Dhote

gratinée aux oignons

Pour 4 personnes

8 gros oignons, 1,5 l de bouillon de bœuf, 30 g de beurre,
2 c.s. d'huile d'arachide, 2 c.s. de farine, piment de Cayenne, 1 œuf,
1 bouquet garni, 1/2 verre de porto, 120 g de gruyère râpé,
4 toast briochés, sel et poivre

Dans un grand faitout, faire chauffer un mélange de beurre et d'huile et y faire colorer les oignons émincés, en remuant régulièrement, pendant 10 à 15 min pour les faire noircir.

Verser deux cuillères de farine dans le faitout, laisser cuire 1 à 2 min et mouiller avec 1,5 litre de bouillon de bœuf, sans cesser de mélanger le liquide versé petit à petit. Ajouter une pointe de piment de Cayenne, rectifier l'assaisonnement, couvrir et laisser cuire à petits bouillons pendant 35 min.

Dans un bol, battre un jaune d'œuf avec un demi-verre de porto et une louche de bouillon. Hors du feu, verser cette liaison dans le faitout et mélanger.

Verser la soupe dans des bols individuels allant au four, déposer dessus un toast brioché et parsemer de gruyère râpé.

Passer les bols à la salamandre ou au four très chaud pour les faire gratiner et servir immédiatement.

consommé de légumes des hortillons

Pour 4 personnes

2,5 l de bouillon (bœuf ou volaille), 2 carottes, 1 navet, 50 g de petits pois, 1 demi-botte de cerfeuil, 1 poireau, 1 demi-boule de céleri, 1 branche de céleri, 1 demi-tomate, 250 g de viande maigre (paleron ou macreuse), 3 œufs, poivre mignonnette, arôme Patrelle

Préparer le consommé

Dans un saladier, battre le blanc des trois œufs, avec un soupçon d'eau froide.

Ajouter la viande hachée, une demi-branche de céleri coupée en petits tronçons, une carotte coupée en rondelles, un demi-navet et un quart de boule de céleri coupés en morceaux, du poivre mignonnette et mélanger le tout.

Déposer l'ensemble dans une marmite et verser par-dessus 2 litres de bouillon froid. Ajouter la tomate concassée et porter doucement à ébullition. Laisser mijoter pendant 1 h.

Préparer la brunoise

Couper la deuxième carotte, un quart de navet et un peu de céleri en tous petits cubes. Faire cuire tous ces légumes et les petits pois dans le reste du bouillon une dizaine de minutes.

Les égoutter et les rafraîchir en fin de cuisson.

Passer le consommé au chinois après avoir ôté l'écume de la surface et le remettre à frémir doucement. Verser deux gouttes d'arôme Patrelle, mélanger et ajouter la brunoise.

Vider le consommé dans une jolie soupière chaude et parsemer de quelques pluches de cerfeuil au moment de servir.

potage au potiron

Pour 4 personnes

1 potiron de 3,5 kg environ, 300 g de poireaux, 150 g d'oignons, 300 g de pommes de terre, 1 kg d'os de veau, 1 l de lait, 1 l d'eau, sel, poivre, 80 g de beurre, 1 botte de cerfeuil

Dans une grande marmite, faire suer avec du beurre bien chaud les poireaux et les oignons coupés en petits morceaux. Laisser cuire 3 ou 4 min puis ajouter les pommes de terre coupées de même.

Ouvrir le potiron en le décalottant au premier quart et enlever tous les

pépins. Creuser à la cuillère pour retirer 1,5 kg de chair et garder une épaisseur en faisant attention de ne pas percer la peau du potiron qui servira de soupière.

Ajouter les morceaux de la chair du potiron aux légumes dans la marmite.

Mouiller avec le lait et l'eau et y joindre les os de veau. Saler, poivrer et laisser bouillir. Dès les premiers bouillons, laisser mijoter 1 h.

Mettre le potiron/soupière à tiédir dans le four.

Retirer les os de la soupe et mixer le contenu de la marmite. Assaisonner et rajouter 40 g de beurre pour lier.

Sortir le potiron du four (il a pris une jolie teinte vernissée), y verser la soupe, saupoudrer la surface du cerfeuil finement haché et le poser à même la table sur un plat de service.

soupe à l'ail d'Arleux

Pour 6 personnes

3 têtes d'ail, 300 g de pommes de terre, 2 carottes, 3 poireaux, huile d'olive, 2 l d'eau, 1 baguette de pain rassis, 3 c.s. de crème fraîche, gruyère râpé, 50 g de beurre, sel, poivre

Dans une marmite, faire suer les poireaux ciselés dans un beurre bien chaud.

Ajouter les carottes, les pommes de terre, toutes les gousses de trois têtes d'ail et mélanger.

Verser 2 litres d'eau, saler et laisser cuire pendant 1 h.

Couper la baguette en croûtons, les déposer dans un plat allant au four, les recouvrir de gruyère râpé et les arroser d'un filet d'huile d'olive.

Mettre le plat au four une dizaine de minutes.

Mixer le contenu de la marmite (poireaux, pommes de terre, carottes, ail), ajouter la crème fraîche et une noisette de beurre. Rectifier l'assaisonnement.

Mettre les croûtons chauds dans l'assiette et recouvrir de soupe.

soupe à la bière

Pour 4 personnes

80 g de beurre, 1 oignon, 1 carotte, 1 demi-boule de céleri, 1 poireau, 1 pomme de terre, 1 l de bière de garde, 1 l d'eau, 4 ailerons de volaille, sel et poivre, 100 g de vieux bruges ou de vieux gouda, 1 tranche de jambon ou cul de jambon blanc, 4 tranches de pain de mie, huile d'arachide, 1 demi-botte de persil, 4 c.s. de crème fraîche

Dans une grande casserole, faire suer les légumes (oignon, poireau, carotte, pomme de terre) coupés en brunoise, dans un beurre chaud mais pas coloré, pendant quelques minutes.

Mettre les ailerons de volaille et laisser dorer.

Ajouter le céleri coupé en cubes, verser la bière de garde, l'eau, saler et poivrer.

Couvrir et laisser cuire pendant 1 h.

Couper le jambon, le fromage et la mie de pain en petits dés.

Faire revenir le pain dans un mélange d'huile et de beurre.

Préparer cinq bols : un pour le jambon, un pour le fromage, un pour les croûtons, un pour la crème fraîche et un pour le persil haché.

Retirer les ailerons de volaille et mixer la soupe. Rajouter quatre noisettes de beurre, deux cuillères de crème fraîche et mélanger.

Verser la soupe dans une soupière chaude et servir à table, chacun se servant des accompagnements à sa convenance.

soupe de hénons

Pour 6 personnes

2 kg de coques, 150 g de lard fumé, 2 gros oignons, 2 gousses d'ail, 1 branche de céleri, 3 tomates, 4 pommes de terre, 1 c.s. de farine, beurre, huile d'arachide, gingembre frais, 2 c.s. de crème fraîche, persil plat, cerfeuil ou ciboulette, 1 bouquet garni, sel et poivre

Laver les coquillages à grande eau, les verser dans un faitout et les faire cuire à blanc, sans apport que ce soit. Dès que les coquillages sont ouverts, les retirer du feu, ôter les chairs et les réserver dans un saladier.

Passer à l'étamine l'eau rendue par les coques et réserver.

Ebouillanter les tomates, les peler et les couper en morceaux.

Laver, éplucher et hacher le céleri, les gousses d'ail et les oignons. Eplucher les pommes de terre et les couper en morceaux. Enlever la couenne du lard et le couper en dés.

Dans une cocotte, faire revenir le lard, les oignons et l'ail dans un mélange de beurre et d'huile bien chaud. A transparence, verser deux cuillères de farine, remuer et laisser singer.

Ajouter les tomates, le céleri, les pommes de terre, le persil haché et le bouquet garni. Mouiller avec l'eau des coques et 1,5 litre d'eau.

Assaisonner et laisser mijoter à couvert sur feu doux pendant une bonne demi-heure.

Verser les hénons dans la soupe, ajouter une petite cuillère de gingembre râpé et laisser infuser 5 à 10 min.

Dresser sur assiette très chaude en ajoutant une petite cuillère de crème fraîche et quelques feuilles de cerfeuil ciselées.

En Picardie, dans la baie de Somme, les pêcheurs à pied donnent aux coques le nom de hénons. Attention, ceux-ci gardent beaucoup de sable, il faut donc bien les nettoyer, quant au gingembre, il faut qu'il soit frais pour relever la soupe grâce à sa saveur piquante.

soupe de crevettes

Pour 6 personnes

500 g de crevettes entières, 200 g de crevettes décortiquées,
2 l de fumet de poisson, 2 ou 3 c.s. de crème fraîche, 2 branches de céleri,
2 petites tomates, 2 carottes, 1 pomme de terre, 4 gousses d'ail,
120 g d'échalote grise, 120 g de beurre, sel, poivre, ciboulette,
cerfeuil, 2 c.s. de farine, croûtons

Dans une cocotte faire suer les échalotes émincées dans 80 g de beurre. Détailler et ajouter les carottes, la pomme de terre, les tomates, le vert de

céleri, ainsi que les gousses d'ail épluchées, mais entières. Couvrir et laisser cuire 2 ou 3 min.

Ajouter 500 g de crevettes entières, lavées très soigneusement car elles gardent du sable, et deux cuillères de farine. Laisser cuire encore 2 ou 3 min.

Compléter avec 2 litres de fumet de poisson (cf. page 31), poivrer et laisser mijoter 45 min. Saler selon le goût.

Mixer la soupe et passer au chinois pour éliminer tout morceau.

Remettre la soupe à chauffer. Ajouter trois ou quatre cuillères de crème fraîche, un soupçon de beurre pour lier et laisser réduire.

Verser la soupe dans une soupière, ajouter 200 g de crevettes équeutées et décortiquées, ainsi que la ciboulette et le cerfeuil hachés.

Accompagner de croûtons.

soupe de moules au potiron

Quand il reste des moules (cf page 35)

Pour 6 personnes

1 kg de moules cuites (restes), soupe au potiron (restes/boîte), 1 carotte, 1 demi-boule de céleri, 1 poireau, 1 échalote grise, beurre, 1 verre de vin blanc sec, pistils de safran ou safran dose, 3 c.s. de crème fraîche, 4 ou 5 tranches de pain de mie, sel et poivre

Eplucher l'échalote, la carotte, le céleri et couper le vert du poireau. Hacher l'échalote, couper les légumes en brunoise et décortiquer les moules.

Dans une casserole, faire revenir l'échalote dans du beurre moussant, ajouter les légumes en brunoise, couvrir et laisser infuser quelques minutes.

Ajouter un verre de vin blanc, assaisonner et laisser cuire 7 ou 8 min à couvert.

Ajouter les moules, deux ou trois cuillères de crème fraîche, parsemer de pistils de safran, mélanger et réserver au chaud.

Réchauffer le reste ou la boîte de potage au potiron (cf. page 8).

Couper le pain de mie en croûtons et les faire dorer à la poêle, dans du beurre très chaud.

Dans une assiette creuse, déposer une louche de la préparation de moules et de légumes, verser une louche de soupe au potiron, parsemer de croûtons et servir aussitôt.

Asperges sauce flamande

Pour 4 personnes

300 g d'asperges par personne, 4 œufs, 200 g de beurre,
sel et poivre, persil, ciboulette

Plonger les œufs dans une casserole d'eau bouillante légèrement salée jusqu'à ce qu'ils deviennent durs.

Faire cuire à couvert les asperges épluchées et ficelées en botte dans de l'eau bouillante. Ne pas oublier de saler.

Laisser bouillir 20 min à petit feu.

Ecraser les œufs durs avec une fourchette.

Dans une poêle, faire fondre le beurre jusqu'à obtenir une couleur noisette et verser sur les œufs broyés.

Saler, poivrer et mélanger tout doucement.

Ajouter la ciboulette et le persil à cet appareil et laisser au bain-marie jusqu'à la fin de cuisson des asperges.

Ficelle picarde

Pour 6 personnes

Pour la pâte à crêpes
200 g de farine, 2 œufs, 10 cl de bière, 1 pincée de sel,
1 cuillère d'huile d'arachides

Pour la garniture
30 g de beurre, 2 échalotes, 350 g de champignons de Paris,
6 tranches de jambon, 150 g de gruyère râpé, 12 c.s. de crème fraîche

Faire la duxelle

Dans une casserole, faire colorer le beurre, ajouter les échalotes, les faire blondir, puis mettre à cuire les champignons hachés très fin, sans couvrir pour qu'ils rendent toute leur eau.

Faire cuire le tout 7 ou 8 min.

Faire les crêpes

Les réaliser après avoir préparé la pâte avec tous les ingrédients.

Quand celles-ci sont prêtes, prendre un grand plat et le beurrer.

Poser une crêpe à plat, y placer une tranche de jambon et recouvrir d'une ou deux cuillères de la duxelle.

Rouler le tout et disposer dans le plat. Faire de même avec les autres crêpes.

Sur ces crêpes roulées, mettre la crème fraîche (deux cuillères par crêpe) et le gruyère râpé.

Enfourner à four chaud (220 °C) et laisser gratiner 10 min.

Dresser et servir chaud.

croquettes de crevettes

Pour 8 personnes

500 g de crevettes grises, 3 œufs, 120 g de beurre, 220 g de farine, 1 botte de persil, noix de muscade, thym,, laurier, chapelure, 2 ou 3 clous de girofle, 25 l de lait, 25 l de vin blanc, 2 c.s. de crème fraîche, quelques épluchures de crevettes, sel, poivre, 2 citrons, huile de friture

Décortiquer les crevettes et réserver les épluchures.

Préparer le fumet

Dans une casserole, faire chauffer le lait avec le vin blanc, le thym, le laurier et une poignée d'épluchures de crevettes. Laisser chauffer 10 min.

Filtrer les épluchures pour ne garder qu'un demi-litre de bouillon et réserver en laissant refroidir.

Préparer les croquettes

Dans une casserole faire fondre 120 g de beurre, ajouter 120 g de farine et mélanger. Laisser cuire ce roux 2 ou 3 min, ajouter le fumet froid et mélanger.

Assaisonner, râper la muscade, et rajouter deux cuillères de crème fraîche. Verser trois jaunes d'œufs et les incorporer. Réserver les blancs.

Dans un saladier, déposer la pâte obtenue, ajouter les crevettes décortiquées, mélanger le tout et laisser reposer au réfrigérateur pendant 2 h.

Avec la pâte ainsi refroidie, façonner des rouleaux assez épais pour obtenir des croquettes. Les passer d'abord dans le restant de farine, puis dans le blanc d'œufs et les rouler dans la chapelure.

Préparer une friture et y plonger les croquettes à 180 °C pendant 5 ou 6 min.

Préparer la garniture

Détailler le persil, le tremper dans l'eau, l'éponger et le passer rapidement à la friture.

Dresser les assiettes en disposant le persil frit et des quartiers de citron tout autour des croquettes.

Flamiche au maroilles

Pour 8 personnes

300 g de pâte feuilletée, 5 œufs, 1 noix de muscade, 400 g de maroilles bien fait, 10 à 20 cl de bière brune, 4 c.s. de crème fraîche

Etaler la pâte feuilletée (on peut aussi prendre une pâte à foncer ou une pâte brisée) et la disposer dans une tourtière de 24 cm.

Gratter la croûte, détailler le maroilles en grosses tranches et placer ces lamelles sur la pâte.

Battre les œufs en omelette avec la crème, le sel, le poivre et la muscade râpée.

Ajouter la bière brune tout en continuant de battre.

Mettre cet appareil sur le maroilles.

Enfourner la flamiche dans le four à 200 °C et laisser cuire 30 à 35 min.

Servir chaud avec une salade de Trévise.

Œufs cocotte aux crevettes

Pour 4 personnes

8 œufs frais, 8 c.s. de crème fraîche, 8 noisettes de beurre, muscade, 150 g de crevettes grises, pain de campagne en tranches, ciboulette, sel, poivre

Préchauffer le four à 220 °C (thermostat à 8-9).

Sur le gaz, mettre huit ramequins dans un bain-marie.

Dans chacun d'eux, mettre une noisette de beurre, une cuillère de crème

fraîche, du sel, du poivre et de la muscade râpée. Quand la crème et le beurre frissonnent, mélanger cette préparation et casser un œuf par ramequin.

Y déposer alors, une poignée de crevettes décortiquées et mélanger doucement.

Laisser prendre 1 min sur le gaz et placer le bain-marie dans le four 5 ou 6 min.

Sortir avant que les œufs ne soient trop pris, saupoudrer de ciboulette et servir avec des tranches de pain de campagne beurrées.

Feuilletés d'andouille d'Aire-sur-la-Lys, sauce cerfeuil

Pour 4 personnes

250 g de pâte feuilletée, 1 œuf, 50 g de beurre, 400 g d'andouille, 10 cl de genièvre, 200 g de carotte, 200 g de céleri rave, 100 g de poireau, 100 g de navet, 1 échalote, sucre en poudre, 10 cl de vin blanc sec, 50 cl de crème fraîche, 1 citron, 1 botte de cerfeuil, sel et poivre

Préchauffer le four à 220 °C.

Eplucher et râper le céleri, la carotte et le navet. Détailler le poireau en julienne. Couper l'andouille en fines tranches.

Fariner le plan de travail, y étaler la pâte feuilletée et la découper en 4 rectangles. Dorer la pâte au jaune d'œuf en évitant les bords pour la laisser monter et mettre au four pendant 5 ou 6 min jusqu'à ce que le feuilletage soit bien gonflé.

Dans une poêle, faire revenir les rondelles d'andouille avec un peu de beurre pendant 3 ou 4 min. Flamber au genièvre.

Dans une casserole, faire fondre tous les légumes avec du beurre. Ajouter une petite cuillère de sucre en poudre, deux pincées de sel et laisser mijoter 5 min.

Dans une autre casserole, faire chauffer le vin blanc, avec l'échalote hachée, la crème fraîche et le cerfeuil en pluches. Laisser infuser 5 min et ajouter le jus d'un demi citron, du sel et du poivre. Mixer et passer cette sauce au chinois.

Mettre la sauce sur feu doux, ajouter une noisette de beurre et mélanger au fouet en formant des 8 pour la faire monter.

Ouvrir les feuilletés en deux, les garnir de légumes, disposer dessus quelques tranches d'andouille et recouvrir de l'autre partie du feuilletage.

Dresser en nappant le fond des assiettes avec la sauce au cerfeuil sur laquelle vient se poser au centre le feuilleté d'andouille.

Flamiche aux poireaux

Pour 8 personnes

600 g de pâte feuilletée, 500 g de poireaux, 80 g de beurre, 2 c.s. de crème fraîche, 1 œuf, sel, poivre

Ciseler les poireaux et, dans une casserole, les faire suer dans 40 g de beurre.

Ajouter les 40 g de beurre restant, la crème fraîche, saler, poivrer et mélanger à feu doux.

Mettre le tout à refroidir.

Etaler la pâte et faire deux cercles de feuilletage (on peut utiliser une assiette de 24 cm), le second étant plus large que le premier.

Déposer le grand cercle sur une plaque humidifiée d'un peu d'eau pour que la vapeur décolle facilement le feuilletage après cuisson.

Préparer la dorure : battre un œuf, le détendre avec un peu d'eau et badigeonner le bord du cercle de pâte.

Etaler les poireaux sur le feuilletage et recouvrir le tout avec le second cercle, en retournant la pâte du premier et en appuyant sur les bords pour fermer bien hermétiquement. Badigeonner l'ensemble du reste d'œuf pour bien dorer. Mettre la flamiche au four à 250 °C pendant 10 min puis baisser la température à 120 °C et laisser cuire 20 min.

gâteau de courgettes aux fines herbes

Pour 6 personnes

1 kg de courgettes, 2 tomates, 5 champignons de Paris, 4 œufs, 4 c. s. de crème fraîche, 1 botte de ciboulette, 1 botte de persil plat, 1 botte de coriandre, 1 botte de cerfeuil, 1 botte de basilic, 1 gousse d'ail, 1 citron, 2 yaourts nature, 1 c. s. de farine, 2 c. s. d'huile d'olive, beurre, gros sel, sel et poivre, noix de muscade.

Râper les courgettes, les mettre dans une passoire et les saupoudrer de gros sel pour les faire dégorger pendant 1 h.

Plonger les tomates incisées dans une eau bouillante pendant 1 à 2 min, les passer à l'eau froide pour arrêter la cuisson et les peler, les épépiner puis les couper en rondelles.

Préchauffer le four à 160 °C. Huiler un moule à cake, le saupoudrer de farine et tapisser le fond avec les tomates, réserver. Ciseler toutes les herbes fines.

Dans un faitout, faire revenir l'ail haché dans un mélange de beurre et d'huile bien chaud, ajouter les courgettes préalablement rincées, laisser mijoter une dizaine de minutes et poivrer généreusement.

Couper les champignons en petits quartiers, les faire revenir à la poêle et les ajouter aux courgettes. Bien mélanger et réserver.

Dans un saladier, battre quatre œufs, ajouter deux cuillères de crème fraîche, de la muscade râpée, les courgettes et les champignons. Assaisonner selon le goût, verser les deux tiers des fines herbes et bien mélanger. Verser cet appareil dans le moule à cake et mettre au four (160 °C) dans un bain-marie pendant 1 h.

Dans un récipient, mélanger les deux yaourts avec deux cuillères de crème fraîche, ajouter le tiers restant des fines herbes, le jus d'un demi-citron, du sel, du poivre, bien mélanger et réserver au frais pendant 1 h.

Couper le gâteau en tranches et le servir tiède accompagné de la sauce aux fines herbes.

Hareng mariné, pommes à l'huile

Pour 4 personnes

500 g de harengs fumés, 2 carottes, 2 oignons, thym, laurier, 50 cl d'huile d'arachide, échalotes, persil, pommes de terre (charlotte), moutarde, sel, poivre, 1 l de lait, clous de girofle, vinaigre, 1 verre de vin blanc

Tremper les filets de harengs (s'ils sont très salés) 15 à 20 min dans du lait, puis les sortir et les égoutter sur un papier absorbant.

Mettre les filets dans un grand plat ou une terrine et disposer dessus un lit de carottes et d'oignons émincés.

Ajouter le thym et le laurier, trois ou quatre clous de girofle et verser l'huile sur le tout, jusqu'à recouvrir.

Déposer le plat dans un endroit frais et laisser mariner 24 h.

Faire cuire à l'eau les pommes de terre à chair ferme et laisser refroidir.

Pendant ce temps, faire la vinaigrette. Mélanger l'huile et la moutarde et battre le tout comme pour une mayonnaise.

Ajouter vinaigre, poivre, sel, les échalotes et le persil hachés.

Couvrir les pommes de terre de la vinaigrette et rajouter un petit verre de vin blanc sur l'assaisonnement.

pâté de tête

Pour 8 personnes

1 demi-tête de cochon, 3 c.s. de gelée en poudre, 1 ou 2 poignées de gros sel, thym, laurier, 2 oignons, 4 clous de girofle, 5 gousses d'ail, 1 botte de persil, 100 g d échalotes

Dans une grande marmite, faire cuire au bouillon la demi-tête de cochon préalablement énuclée et passée à la flamme, avec le thym, le laurier et les oignons piqués de clous de girofle, pendant 2 ou 3 h.

Après cuisson, sortir la tête du bouillon et détacher la viande qui doit s'enlever facilement. Couper la viande en petits morceaux et les remettre dans la marmite.

Dans une casserole, mélanger à l'aide d'un fouet la gelée en poudre avec 1 litre du bouillon, porter à ébullition et verser le liquide chaud dans la marmite.

Saler et poivrer généreusement, ajouter l'ail, le persil et l'échalote hachés.

Mélanger le tout pour obtenir une préparation homogène et faire chauffer jusqu'à ébullition (une dizaine de minutes).

Disposer l'ensemble dans une terrine et laisser refroidir avant de mettre au réfrigérateur.

crosnes à la grecque

Pour 4 personnes

400 g de crosnes, huile d'olive, 3 citrons pressés, thym, laurier, 3 clous de girofle, fenouil en branche, coriandre, poivre mignonnette, sel, 1 gros oignon, 3 cuillères de concentré de tomate, 50 cl de vin blanc, persil haché

Mettre les crosnes dans un torchon avec une poignée de gros sel et les secouer énergiquement. Les nettoyer et les blanchir légèrement à l'eau salée. Réserver.

Hacher un oignon et le faire revenir dans l'huile d'olive. Quand l'oignon est devenu transparent, ajouter le jus des citrons pressés, le vin blanc et porter à ébullition.

Ajouter les clous de girofle, le poivre mignonnette, la coriandre, le fenouil haché, le thym, le laurier et trois cuillères de concentré de tomate. Saler.

Laisser infuser 2 ou 3 min et plonger les crosnes dans la préparation.

Faire cuire pendant une dizaine de minutes et vérifier la cuisson (les crosnes doivent rester « al dente »).

Mettre au frais et parsemer de persil haché juste avant de servir.

terrine ed'minteux aux trois langues

Pour 6 personnes

1/2 langue de veau, 2 langues de porc, 1 langue d'agneau, 1 grosse carotte, 1 gros poireau, 4 tomates, 1 gros oignon, 1 bouquet garni, 2 œufs, 10 cornichons, 2 gousses d'ail, 1 l de vin blanc sec, 1 bouquet de persil, 50 g de beurre, 50 g de saindoux, sel et poivre

Faire dégorger les langues à l'eau froide pendant 6 h et les faire blanchir dans un faitout d'eau froide et salée.

A ébullition, rafraîchir les langues, les égoutter et retirer les peaux et les graisses.

Laver, éplucher et couper les carottes en brunoise, émincer l'oignon.

Dans une sauteuse, faire fondre 50 g de beurre et 50 g de saindoux et y faire rissoler les langues, les carottes et l'oignon. Ajouter le bouquet garni, les deux gousses d'ail émincées, les tomates coupées en morceaux et le blanc de poireau taillé en rondelles. Laisser légèrement colorer et égoutter le tout pour dégraisser.

Dans la sauteuse, sur le feu, verser 1 litre de vin blanc, porter doucement à ébullition et ajouter les langues et la garniture. Saler, poivrer et laisser mijoter à couvert pendant 2 h à petit feu.

Pendant ce temps, faire durcir les œufs une dizaine de minutes et laisser refroidir. Couper les cornichons en grosses rondelles, hacher le persil et réserver.

Hacher le blanc et le jaune des œufs durs et réserver.

Quand les langues sont cuites et fondantes, les sortir du faitout et les couper en gros cubes. Dans un grand saladier mélanger les morceaux au reste de la garniture, des cornichons et des œufs et verser dessus le jus de cuisson passé à l'étamine. Bien mélanger pour que l'ensemble soit bien imprégné et disposer les différents éléments dans une terrine.

Poser une planchette et un gros poids sur la terrine pour que celle-ci soit bien compressée et mettre au réfrigérateur une douzaine d'heures.

Démouler la terrine, couper des tranches et la servir accompagnée d'une salade de chicons sauce rémoulade saupoudrée de noix écrasées.

Il est indispensable de faire bien dégorger les langues dans l'eau froide.

Terrine de foies de volailles

Pour 6 personnes

500 g de foies de volailles, 500 g de gras de lard, 500 g de gorge de porc, 1 barde de lard, 1 petite crépine, 50 cl de gelée en poudre, thym, laurier, 5 g de poivre blanc, 24 g de sel, 20 cl de cognac, 2 verres de porto, 2 œufs, 6 g de 4-épices, 1 terrine de 1,5 l

Préchauffer le four à 150 °C.

Dans un grand saladier, mélanger à la main les foies, le gras et la gorge préalablement hachés gros, les œufs, le 4-épices, le sel, le poivre et un verre de porto. Rectifier l'assaisonnement si nécessaire et placer la moitié de la préparation dans la terrine.

Déposer un peu de l'appareil sur la barde de lard (de la longueur de la terrine) et l'enrouler. Poser cette longue « cigarette » au milieu de la terrine et recouvrir avec le reste de la préparation. Poser dessus le thym, le laurier, arroser de 10 cl de cognac et recouvrir le tout avec la crépine.

Couvrir et placer le plat dans le four dans un bain marie pendant 2 h.

Si nécessaire, remettre un peu d'eau en cours de cuisson.

Dans une casserole, préparer la gelée avec de l'eau, y rajouter 10 cl de cognac et un verre de porto.

Sortir la terrine du four et vider la graisse. Verser la gelée sur le pâté, à l'aide d'une louche, refermer la terrine et laisser refroidir. Enfin, laisser reposer au frais pendant 12 h.

salade de foies de volailles

Pour 4 personnes

500 g de foies de volailles, beurre, huile d'arachide, 2 cl de cognac, 10 cl de vin blanc, 5 cl de porto, sel et poivre, ciboulette, 16 feuilles d'épinards, 100 g de pain de mie, vinaigre de framboises, 2 échalotes

Faire bouillir une casserole d'eau salée. Plonger une à une les feuilles d'épinards dans l'eau bouillante pendant 30 secondes en les tenant par la queue puis les passer immédiatement à l'eau froide pour qu'elles gardent leur croquant et leur belle couleur verte. Casser les tiges et poser les feuilles sur un papier absorbant.

Couper le pain de mie en petits dés et les faire revenir à la poêle dans un mélange de beurre et d'huile.

Préparer les foies : enlever le gras et les escaloper en deux ou trois morceaux. Dans une poêle, faire chauffer du beurre et de l'huile et faire revenir les foies de volaille de chaque côté.

Ajouter les échalotes hachées, saler, poivrer et laisser cuire le tout 4 ou 5 min en remuant de temps en temps.

Flamber au cognac, déglacer au vin blanc et au porto puis laisser mijoter 5 min. Rajouter le vinaigre de framboises au moment de servir.

Dresser les assiettes avec les feuilles d'épinards recouvertes des foies de volaille, d'un peu de la sauce, des croûtons et parsemer le tout de ciboulette hachée.

Terrine de queue de bœuf, confiture d'oignons

Pour 8 personnes

Pour la confiture d'oignons
8 gros oignons émincés, 40 g de beurre, 2 c.s. de cassonade brune, 1 verre de vin blanc, 1 demi-verre de vinaigre de framboise, 2 c.s. de grenadine, sel

Pour la terrine
1 queue de bœuf, 400 g de flanchet, 1 gousse d'ail, 1 gros oignon, 3 grosses carottes, 150 g de cornichons, 2 échalotes grises, 2 clous de girofle, thym, laurier, 1 demi-botte de persil, 40 g de gelée en poudre, sel, poivre mignonnette

Préparer la terrine

Plonger la queue de bœuf et le flanchet dans un grand faitout d'eau froide, couvrir et porter à ébullition.

Ajouter les carottes coupées en petits dés, l'oignon piqué de deux clous de girofle, le thym et le laurier. Saler, couvrir et laisser mijoter 3 h 30 environ. Ecumer le bouillon de temps en temps.

Préparer la confiture d'oignons

Dans une sauteuse, faire colorer les oignons pendant quelques minutes dans 40 g de beurre et ajouter la cassonade et la grenadine. Mélanger, verser le vin blanc, saler, couvrir et laisser cuire 5 min.

Déglacer au vinaigre de framboise, laisser refroidir et mettre la confiture dans un saladier au réfrigérateur.

Préparer la gelée

A l'aide d'un fouet mélanger 1 litre du bouillon de cuisson de la viande avec la gelée en poudre. Porter à ébullition et réserver.

Finir la terrine

Hacher le persil et les échalotes, couper les cornichons en petites rondelles, désosser et couper la viande en morceaux. Mettre le tout dans une casserole, saler, poivrer et ajouter la gelée. Faire bouillir pendant 5 à 10 min.

Verser l'ensemble dans une terrine et laisser refroidir avant de la placer au frais une dizaine d'heures.

Effiloché d'endives aux saint-jacques

Pour 4 personnes

8 coquilles Saint-Jacques, 4 endives, 1 c.c. de vergeoise, 60 g de beurre, 4 c.s. de crème fraîche, sel, poivre, 2 citrons, 1 botte de persil, 2 c.s. de farine

Dans un faitout, faire fondre 30 g de beurre et faire suer les endives émincées à couvert pendant 10 min.

Préparer les Saint-Jacques, bien enlever le sable, la barbe et le fiel et réserver dans un saladier rempli d'eau.

Au bout des 10 min de cuisson, ajouter le sel, le poivre et la vergeoise sur les endives. Laisser cuire à couvert encore quelques minutes.

Goûter les endives (il faut qu'elles soient croquantes) et ajouter la crème fraîche. Une fois la crème mélangée, laisser cuire encore 5 min sur le feu.

Dans une poêle, faire le beurre noisette. Prendre les noix de Saint-Jacques, les égoutter sur un essuie-tout et les escaloper en deux dans le sens de l'épaisseur. Passer les noix dans la farine et les poêler pas plus de 1 min de chaque côté dans un beurre bien chaud mais pas coloré. Assaisonner.

Dresser chaque assiette préalablement chauffée. Placer les endives en couronne et disposer les Saint-Jacques au milieu.

Arroser avec le beurre noisette, poser un demi-citron et saupoudrer le tout avec le persil haché.

coquilles saint-jacques bonne-femme

Pour 4 personnes

8 Saint-Jacques, 100 g de crevettes grises, 150 g de champignons de Paris, 1 citron, 100 g de beurre, 2 c.s. de farine (60 g), 2 c.s. de crème fraîche, 2 œufs, 120 g de gruyère râpé, chapelure, arêtes de poisson, 1 oignon, thym, laurier, 2 clous de girofle, 1 carotte, gros sel de mer, sel et poivre, 1 noix de muscade, 25 cl de vin blanc, 50 cl d'eau

Dans une casserole d'eau bouillante, jeter les crevettes pour les faire cuire 2 ou 3 min. Laisser les crevettes refroidir avant de les décortiquer.

Préparer un fumet de poisson

Dans un faitout, faire suer quelques minutes les arêtes à couvert, dans 50 g de beurre. Ajouter la carotte coupée en rondelles, l'oignon en morceaux et mélanger.

Verser 25 cl de litre de vin blanc et 50 cl litre d'eau, rajouter une cuillère de gros sel, du thym, du laurier, deux clous de girofle et laisser bouillonner au moins 45 min. (On peut utiliser le jus de cuisson et les carapaces des crevettes décortiquées.)

Ouvrir les coquilles, couper le nerf, ôter les barbes et passer rapidement les Saint-Jacques sous l'eau pour enlever le sable. Escaloper les noix en deux et réserver.

Dans une casserole, faire cuire les champignons de Paris coupés en petits morceaux dans un peu d'eau avec une cuillère de beurre et le jus d'un demi-citron.

Préparer la sauce

Dans une casserole, faire un roux avec 60 g de beurre fondu et 60 g de farine. Bien mélanger et laisser le roux refroidir.

Passer le fumet au chinois et porter à ébullition.

Hors du feu, plonger 15 secondes les Saint-Jacques dans le fumet puis les déposer dans les coquilles avec les crevettes décortiquées et les champignons.

En mélangeant au fouet, verser doucement le fumet chaud sur le roux froid et assaisonner de sel, de poivre et de muscade râpée.

Hors du feu, faire une liaison avec deux jaunes d'œufs, la crème fraîche et le jus de l'autre demi-citron.

Mélanger, faire reposer 5 min et verser la sauce dans les coquilles.

Recouvrir les coquilles de gruyère râpé et mettre au four à 220 °C pour les faire gratiner. A coloration, saupoudrer de chapelure et refaire gratiner 2 ou 3 min.

cassolettes de moules de bouchot

Pour 6 personnes

Pour la marinière
1,8 kg de moules de bouchot, 3 oignons, 2 gousses d'ail, 1 botte de céleri, 2 verres de vin blanc, 40 g de beurre, sel, poivre mignonnette

Pour les cassolettes
1 l de soupe de poisson (bocal), 25 g de beurre, 25 g de farine, 2 c.s. de crème fraîche, 1/2 botte de persil, 1 branche d'estragon, 1 dose de safran, sel et poivre

Faire les moules en marinière avec les ingrédients (cf. page 35) en les gardant assez fermes.

Laisser refroidir, faire réduire le jus et décortiquer toutes les moules à réserver.

Dans la marmite de la marinière, verser la soupe de poisson, saler, poivrer et laisser mijoter quelques minutes.

Pendant ce temps, faire un beurre manié avec 25 g de beurre et 25 g de farine et l'ajouter à la marinière avec l'estragon frais et le safran. Laisser épaissir la sauce.

Incorporer les moules, deux cuillères de crème fraîche et laisser infuser 4 à 5 min.

Verser les moules dans des cassolettes bien chaudes, nappées de sauce et parsemées de persil haché.

petits gris à la paysanne

Pour 4 personnes

8 douzaines de petits gris, 8 grosses pommes de terre, 150 g de lardons fumés, 3 c.s. d'huile d'olive, 1 c.s. de Maïzena, 40 cl de lait, 6 c.s. de crème fraîche, 3 œufs, 250 g de gruyère râpé, 500 g de champignons de Paris, 1 citron

Pour le beurre d'escargot

350 g de beurre, 2 échalotes, 3 gousses d'ail, 1 bouquet de persil, 1 citron, noix de muscade, sel et poivre

Laver et mettre les pommes de terre à cuire au four à 240 °C. Elles seront cuites quand la pointe du couteau les transperce.

Faire un beurre d'escargot

Hacher finement l'échalote et le persil et écraser les gousses d'ail. Mélanger tous ces ingrédients à 350 g de beurre mou. Ajouter un peu de noix de muscade, saler et poivrer.

Retirer les pommes de terre du four, laisser refroidir et couper un chapeau en travers de chacune d'elles.

Retirer la pulpe à l'aide d'une cuillère, sans abîmer la peau, et la mettre dans un grand saladier. Réserver les peaux.

Ecraser toute la pulpe avec une fourchette ou un presse-purée et ajouter le lait, trois cuillères de crème fraîche, le jaune de 3 œufs, du sel et du poivre. Mélanger.

Dans une poêle, faire chauffer un peu d'huile d'olive et y faire revenir les lardons jusqu'à transparence. Les égoutter sur du papier absorbant et les mélanger à la purée.

Mettre 100 à 150 g de beurre d'escargot dans la poêle et saisir les petits gris préalablement farinés en un seul aller-retour. Mélanger les escargots à la purée et réserver quelques-uns pour la présentation.

Farcir les peaux des pommes de terre avec cet appareil. Creuser un petit puits au milieu, le remplir d'une cuillère à café de beurre d'escargot et saupoudrer de gruyère râpé. Mettre à gratiner au four à 220 °C.

Pendant ce temps, laver, essuyer et couper en lamelles les champignons de Paris. Mettre les champignons à cuire dans une casserole d'eau citronnée, avec un peu de beurre.

Faire infuser le reste de crème fraîche avec un peu du jus de cuisson des champignons, mettre le reste des escargots et ajouter un peu de Maïzena pour épaissir.

Dresser sur assiette chaude deux pommes de terre farcies sur un lit de champignons arrosés de sauce blanche parsemée de petits gris.

Moules farcies au beurre d'ail

Pour 4 personnes

48 moules de Hollande, 1 gros oignon, 1 branche de céleri,
8 gousses d'ail, 3 échalotes grises, 275 g de beurre, 1 demi-botte de persil,
1 bouquet garni, 1 verre de vin blanc, 1 verre de cognac,
1 noix de muscade, sel et poivre

Dans un grand faitout, faire fondre 25 g de beurre pour faire revenir l'oignon émincé.

Quand celui-ci devient transparent, ajouter les moules préalablement nettoyées, la branche de céleri coupées en petits tronçons, le verre de vin blanc, le bouquet garni et un peu de poivre. Faire cuire 6 ou 7 min à couvert.

Egoutter les moules et laisser refroidir.

Préparer le beurre d'ail

Hacher finement la moitié d'une botte de persil, huit gousses d'ail et trois échalotes grises

Dans un petit saladier, mélanger l'ensemble avec du beurre mou, du sel, du poivre, de la noix de muscade râpée et une larme de cognac.

Enlever la chair des moules de leur coquille, en gardant le côté de la coquille le plus profond.

Poser chaque demi-coquille dans des petits poêlons (on peut mettre du gros sel en tapis pour les faire tenir), remplir chacune d'elle avec une moule et recouvrir de beurre d'ail à l'aide d'une petite cuillère.

Mettre les poêlons à cuire au four à 220 °C pendant 4 ou 5 min.

Servir aussitôt.

Moules marinières « braderie de Lille »

Pour 4 personnes

700 g de moules de bouchot par personne, 3 oignons, 1 botte de persil, 1 gousse d'ail, 40 g de beurre, sel, poivre mignonnette, 1 botte de céleri, 1 citron, 2 ou 3 verres de vin blanc

Dans un grand faitout, faire fondre le beurre et y faire suer deux oignons émincés, à couvert, pendant 2 ou 3 min.

Après avoir bien nettoyé les moules, les mettre dans le faitout avec le céleri coupé en tronçons et chauffer sur un gaz très fort. A ébullition, rajouter le vin blanc et la gousse d'ail écrasée, poivrer, saler et remettre le couvercle.

Attendre 7 ou 8 min.

Lorsque les moules sont ouvertes, ajouter un gros oignon haché menu et saupoudrer de persil.

Servir dans des assiettes ou, mieux, dans des poêlons bien chauds et ajouter une rondelle de citron. Accompagner d'une énorme portion de frites et arroser d'une bière du Nord.

Marguerite de saint-Jacques, sauce des Hortillons

Pour 4 personnes

12 noix de Saint-Jacques, 180 g de beurre, 2 poireaux, 100 g de carotte, 100 g de céleri-rave, 100 g de tomate, 2 échalotes, 1 gousse d'ail, vin blanc sec, vinaigre de vin, 2 c.s. de crème fraîche, sel et poivre blanc, sucre en poudre, huile d'olive, cerfeuil, basilic, bouquet garni

Couper les noix de Saint-Jacques dans leur épaisseur pour faire deux rondelles. Beurrer la plaque du four et disposer les rondelles en formant quatre marguerites, saler, poivrer et réserver.

Faire une julienne avec 100 g de blanc de poireau, 100 g de carotte et 100 g de céleri-rave. Dans une casserole, faire étuver, sans colorer, tous les légumes avec un peu de beurre. Assaisonner et réserver.

Faire un beurre au vert de poireau

Dans une casserole, faire étuver avec un peu de beurre 50 g de vert de poireau taillé en julienne. Mixer avec 150 g de beurre et laisser refroidir.

Préparer un coulis de tomates

Faire chauffer un peu d'huile d'olive dans une casserole, ajouter 100 g de tomates concassées, une gousse d'ail écrasée, une échalote hachée, un peu de vin blanc, du sel, du poivre, une pincée de sucre, un bouquet garni et du basilic. Mélanger le tout et faire cuire quelques minutes.

Préparer la sauce des hortillons

Dans une casserole, faire réduire une échalote hachée avec un verre de vin blanc et une cuillère de vinaigre. Ajouter deux cuillères de crème fraîche et mélanger. A feu doux, ajouter peu à peu le beurre au vert de poireau sans cesser de battre au fouet. Saler, poivrer et réserver au chaud.

Mettre les Saint-Jacques au four à 200 °C pendant 3 à 4 min (selon le four), il faut qu'elles restent « al dente ».

Dresser les marguerites de Saint-Jacques sur un coussin de julienne de légumes, napper le cœur de coulis de tomates, entourer d'un ruban de sauce des hortillons et décorer d'un peu de cerfeuil.

Anguille au vert

Pour 6 personnes

2 kg d'anguilles, 1 botte de cresson, 200 g d'épinards, 100 g d'oseille, cerfeuil, estragon, 2 cuillères de farine, 1 citron pressé, 100 g d'échalotes, 100 g de beurre, 4 verres de vin blanc sec, 1 c.s. de crème fraîche, huile, sel, poivre

Ciseler toutes les herbes (cresson, épinards, oseille, cerfeuil et estragon).

Dans une cocotte faire revenir les échalotes dans le beurre, y déposer la verdure et laisser suer en évitant la coloration.

Eplucher l'anguille, tronçonner en morceaux d'environ 5 cm et les rouler dans la farine.

Dans une poêle, faire chauffer un peu d'huile et faire raidir les morceaux d'anguille.

Une fois saisis, mettre les morceaux dans la cocotte avec la verdure, assaisonner, ajouter le vin blanc et le jus du citron et laisser mijoter le tout, à couvert, une vingtaine de minutes.

En fin de cuisson, ajouter une cuillère de crème fraîche, mélanger et dresser sur assiettes chaudes.

Carbonade de lotte

Pour 4 personnes

1,2 kg de queue de lotte, 50 cl de bière de garde, 150 g de crevettes grises, 250 g de moules, 200 g de champignons de Paris, 1 bouquet garni, 1 verre de vin blanc, 1 oignon, 3 échalotes, 1 c.s. de vergeoise brune, 1 tranche de pain d'épice, 2 c.s. de farine, 2 c.s. de crème fraîche, 100 g de beurre, 4 c.s. d'huile, sel, poivre, 700 g de bintje, 1 botte de persil

Mettre la lotte coupée en tronçons dans une grande cocotte et la faire colorer dans un mélange de beurre et d'huile.

Ajouter l'oignon et les deux échalotes hachés.

Ajouter ensuite les champignons de Paris coupés en morceaux et assaisonner.

Mélanger et lier la sauce avec deux cuillères de farine.

Mouiller l'appareil avec 50 cl de bière de garde ambrée et 50 cl d'eau. Ajouter le bouquet garni, une cuillère à soupe de vergeoise brune et une tranche de pain d'épice émiettée.

Réduire le gaz et laisser mijoter à tout petit feu une trentaine de minutes.

Dans une casserole, verser le vin blanc et faire cuire les moules 4 ou 5 min. Décortiquer les moules.

Dans une poêle, faire sauter les pommes de terre coupées en rondelles avec une échalote hachée, dans un mélange de beurre et d'huile. Assaisonner.

Mettre les moules et les crevettes décortiquées dans la carbonade et laisser infuser.

Faire fondre deux cuillères de crème fraîche et mélanger.

Servir la carbonade accompagnée des pommes de terre sautées et parsemer de persil haché.

choucroute de poisson au passe-pierre

Pour 6 personnes

6 morceaux de saumon, 6 morceaux de haddock fumé, 6 morceaux de lotte,
6 filets de sole, 6 langoustines, 50 g de crevettes décortiquées,
1,2 kg de choucroute précuite, 50 g de lardons, 1 bocal de passe-pierre,
50 g de saindoux, 1 carotte, 12 baies de genièvre, 1 verre de genièvre,
1 verre de vin blanc, 25 cl de beurre blanc, lait, 1 oignon,
2 clous de girofle, thym, laurier, sel, poivre

Réchauffer à couvert la choucroute précuite avec le saindoux, les lardons, les crevettes, un demi-verre de vin blanc et les baies de genièvre préalablement marinées dans un verre de genièvre.

Faire chauffer une marmite d'eau salée avec l'oignon piqué de deux clous de girofle, du thym et du laurier. Dans ce court-bouillon, pocher les morceaux de lotte, ajouter les langoustines et laisser cuire 5 bonnes minutes.

Saler et ajouter les filets de sole et le saumon dans le court bouillon et laisser cuire.

Dans une casserole de lait, pocher les morceaux de haddock sans en ôter la peau. Éponger et ajouter dans la marmite.

Dans une autre casserole d'eau bouillante, plonger le passe-pierre rincé et essoré, ajouter la carotte coupée en morceaux et laisser cuire 5 min.

Rajouter un demi-verre de vin blanc à la choucroute, assaisonner et retirer du feu la marmite de poissons.

Faire chauffer doucement un beurre blanc.

Dresser la choucroute sur une assiette chaude, poser dessus les poissons et le passe-pierre et recouvrir du beurre blanc.

Bar en croûte de sel

Pour 4 personnes

4 bars de 300-400 g, 2 citrons, 1/2 botte de persil, 2 tomates

Pour le court-bouillon
25 cl de vin blanc, 1 carotte, 1 oignon, 1 bouquet garni, 5 l d'eau

Pour la croûte de sel
600 g de sel de mer, 4 c.s. de farine, 4 œufs, 4 branches de thym, 8 feuilles de laurier

Pour le beurre blanc
1 verre de vin blanc sec, 2 échalotes, 2 c.s. de vinaigre blanc, 150 g de beurre, 2 c.s. de crème fraîche, estragon, sel et poivre

Faire écailler, vider et nettoyer les bars par le poissonnier.

Préparer le court-bouillon avec les ingrédients et laisser mijoter 30 min.

Préchauffer le four à 200 °C.

Dans un saladier, battre le blanc des quatre œufs, mélanger avec la farine et le sel de mer et pétrir à la main pour obtenir un véritable « mortier ».

Placer les poissons à même la plaque du four, poser sur chacun d'eux le thym et le laurier en croisillons et les recouvrir d'une bonne couche du « ciment » de sel en laissant la tête et la queue à découvert.

Verser du court-bouillon jusqu'à mi-hauteur, sans toucher la croûte de sel et mettre au four pendant 20 min. Il ne faut pas oublier de rajouter du court-bouillon après une dizaine de minutes de cuisson. Dans une casserole, faire chauffer deux cuillères de vinaigre blanc, un verre de vin blanc, les échalotes hachées et faire réduire jusqu'à ce que les échalotes aient absorbé le liquide.

Ajouter deux cuillères de crème fraîche et mettre morceau par morceau 150 g de beurre sans cesser de remuer doucement au fouet. Assaisonner et réserver au bain-marie. Rajouter de l'estragon au moment de servir.

Lorsque les bars sont cuits, ôter la croûte de sel en la soulevant et dresser les bars sur assiettes chaudes en entourant les poissons de quelques rondelles de tomates, d'un demi-citron et d'un bouquet de persil. Napper du beurre blanc et prévoir quelques pommes à la vapeur en accompagnement.

Filets de daurade en waterzoï

Pour 4 personnes

4 filets de daurade, 2 grosses carottes, 2 poireaux, 1 demi-boule de céleri, 4 pommes de terre, 2 échalotes, 50 cl de vin blanc sec, 50 cl d'eau, 80 g de beurre, fumet de poisson, 4 œufs, 2 c.s. de crème fraîche, 1 citron, sel et poivre, cerfeuil

Faire une julienne avec le céleri, les carottes et les poireaux. Hacher les échalotes.

Eplucher les pommes de terre et les faire cuire dans de l'eau salée.

Beurrer un plat allant au four, y disposer les échalotes hachées et les filets de daurade. Saler, poivrer, ajouter le vin, l'eau, couvrir et mettre au four à 220 °C pendant 10 min. Sortir le plat et le laisser tiédir.

Dans une grande casserole, faire revenir la julienne dans le beurre fondu, saler, couvrir et laisser mijoter quelques minutes, en remuant de temps en temps.

Ajouter une louche de fumet de poisson et laisser cuire 15 min.

Remettre le poisson au four pour 10 nouvelles minutes.

Pendant ce temps, faire la liaison : dans un saladier, mélanger au fouet le jaune de quatre œufs, deux cuillères de crème fraîche et le jus d'un demi-citron.

Prélever une louche du jus de poisson sorti du four, verser sur la julienne, ajouter la liaison, mélanger doucement et rectifier l'assaisonnement si nécessaire. Laisser infuser 1 ou 2 min.

Dresser sur assiettes chaudes en commençant par la julienne de légumes et sa sauce, puis déposer le filet de daurade accompagné d'une pomme à l'eau et décoré d'une branche de cerfeuil.

caudière du marquenterre, à la ratte du Touquet

Pour 6 personnes

2 rougets grondins, 1 turbotin, 1 carrelet, 2 limandes, 1 sole, 1 pot de moules de bouchot, 1 kg de rattes du Touquet, 4 gousses d'ail, 4 c.s. de crème fraîche, 2 jaunes d'œufs, 1 citron, cerfeuil, persil, 1 pincée de safran, 1 verre de vin blanc, sel, poivre

Lever les filets des poissons, les partager en deux et réserver.

Laver et cuire les moules en marinière, réserver le jus.

Cuire à l'eau les pommes de terre en robe pendant 15 min. En fin de cuisson, éplucher et disposer les pommes de terre dans le fond d'une grande marmite. Ranger par-dessus tous les filets de poisson.

Ajouter le jus des moules, un verre de vin blanc, une pincée de safran et l'ail.

Assaisonner et laisser mijoter 5 ou 6 min.

Faire la liaison

Battre à la fourchette, les deux jaunes d'œufs, la crème fraîche et le citron pressé.

Dans la marmite, verser la liaison, ainsi que les moules, le persil et le cerfeuil hachés.

Laisser infuser 4 min et servir aussitôt.

Feuilletté d'aile de raie au mont-des-cats

Pour 4 personnes

1 aile de raie, 1 carotte, 2 oignons, thym, laurier, 2 clous de girofle, 600 g de betterave, 400 g de mont des cats, 4 c.s. de crème fraîche, 1,5 l d'eau, 50 cl de lait, 50 cl de vin rouge, 20 cl de vin blanc sec, champignons de Paris, 1 échalote grise, 200 g de beurre, sel et poivre

Laver la raie dans plusieurs eaux pour lui faire perdre son odeur naturelle.

Dans une grande casserole remplie d'eau, mettre un oignon piqué de deux clous de girofle, le thym, le laurier, la carotte, 50 cl de lait, saler et démarrer la cuisson à l'eau froide. Au premier frémissement, plonger la raie et faire cuire à feu moyen pendant 15 à 20 min (elle doit rester ferme). Réserver le fumet, égoutter et laisser refroidir l'aile de raie dans un plat.

Dans une autre casserole, mettre le vin rouge, du thym, du laurier, un oignon haché, assaisonner et faire cuire les betteraves rouges coupées en gros dés pendant 30 min.

Egoutter, retirer le bouquet garni et mixer les betteraves.

Oter délicatement les filets de l'arête centrale de l'aile de raie et les couper en huit parts égales.

Dans un plat allant au four, poser quatre morceaux de raie, étaler une cuillère de purée de betterave sur chaque filet et recouvrir d'un second morceau de poisson. Sur celui-ci, déposer une tranche de fromage du mont des cats sans croûte. Mettre au four à 180 °C pendant 10 min.

Pendant ce temps, dans une casserole, filtrer 20 cl de fumet à travers un chinois et ajouter 20 cl de vin blanc, 200 g de champignons de Paris émincés et une échalote hachée. Faire réduire une dizaine de minutes et passer au chinois.

Ajouter quatre cuillères de crème fraîche et sans cesser de mélanger, en faisant des 8 avec un fouet, ajouter petit à petit le beurre en parcelles pour monter la sauce.

Servir le feuilleté de raie, entouré d'un ruban de sauce, accompagné des champignons et décoré de persil haché.

Filets de cabillaud à la bière blanche

Pour 4 personnes

700 g de filets de cabillaud, 50 cl de bière blanche, 1 citron, 3 échalotes, 100 g de beurre, sel, poivre, 2 œufs, 2 c.s. de crème fraîche, 500 g de poireaux, 1 kg de pommes de terre, 25 cl de lait, 1 noix de muscade, huile d'olive

Cuire les pommes de terre à l'eau, les éplucher et les déposer dans un saladier. Ajouter le lait, le beurre, la muscade râpée, le sel et écraser le tout en purée.

Emincer les blancs de poireaux en julienne et les plonger 10 min. dans une casserole d'eau bouillante et salée. Egoutter et incorporer les poireaux à la purée de pommes de terre. Réserver.

Dans une casserole, faire chauffer à petit feu 50 cl de bière blanche. Ajouter trois échalotes hachées et laisser réduire d'un tiers (environ 10 min).

Sur le gaz, faire chauffer l'huile d'olive dans un plat allant au four. Saler et poivrer les filets de cabillaud, les disposer dans le plat, côté peau vers le haut et mettre au four pendant 7 ou 8 min.

Verser la sauce (bière/échalotes) dans une casserole en la passant au chinois. Dans un bol, préparer la liaison : mélanger un demi-jus de citron, deux cuillères de crème fraîche et deux jaunes d'œufs.

Dans la casserole de sauce, mettre du beurre, assaisonner et mélanger à feu doux avec un fouet. Ajouter la liaison et mélanger : la sauce est terminée.

Sortir du four les filets de cabillaud, les dresser sur une assiette chaude avec la purée de poireaux et entourer de sauce.

Filets de sandre au cidre

Pour 4 personnes

1 filet de sandre de 800 g, 4 pommes reinettes, 150 g de beurre, 2 c.s. de sucre semoule, 50 g de farine, sel et poivre, 2 échalotes grises, vinaigre de cidre, 50 cl de cidre brut d'Avesnois, 3 œufs, 1 citron, 3 c.s. de crème fraîche, sauceline Maïzena, 2 verres de calvados, 4 kg d'épinards

Blanchir les épinards après les avoir équeutés et ôté les grosses nervures, et les cuire 3 min dans de l'eau bouillante salée.

Couper les pommes en gros quartiers, les saupoudrer de sucre semoule et les cuire à petit feu dans du beurre chaud.

Fariner le filet de sandre coupé en quatre et, dans un plat allant au four, le saisir dans du beurre chaud, d'abord côté peau. Retourner le filet, assaisonner et ajouter les échalotes hachées.

Déglacer d'une larme de vinaigre de cidre, mouiller le filet d'un demi-litre de cidre brut, couvrir et laisser mijoter une quinzaine de minutes.

Préparer une liaison en mélangeant trois jaunes d'œufs, trois cuillères de crème fraîche et le jus d'un demi-citron. Faire chauffer doucement jusqu'au premier bouillon.

Réchauffer les épinards dans du beurre.

Retirer le plat du four, ajouter un peu de sauceline Maïzena (ou deux cuillères de crème fraîche) au jus de cuisson pour l'épaissir et verser la liaison en mélangeant doucement.

Flamber les pommes au calvados et verser l'excédent dans la sauce du poisson

Dresser les assiettes avec une portion de filet de sandre, une cuillère d'épinards, quelques quartiers de pommes et napper de sauce.

Koulibiak de saumon

Pour 4 personnes

300 g de saumon cuit, 150 g de riz cuit, 2 œufs, 1 oignon, 2 échalotes, 200 g de champignons de Paris, 50 g de beurre, huile d'arachide, vinaigre, 500 g de pâte à brioche, 1 botte de persil, 5 c.s. de crème fraîche, 1 citron, 1 botte de ciboulette, sel et poivre (Mâche et tomates cerises)

Dans une casserole d'eau bouillante et légèrement vinaigrée, faire cuire un œuf dur pendant 10 min. Ecaler et écraser l'œuf à la fourchette.

Eplucher et hacher les échalotes et l'oignon. Laver, sécher et hacher les champignons. Préchauffer le four à 180 °C.

Dans une poêle, faire chauffer un mélange de beurre et d'huile pour y faire suer d'abord les échalotes et l'oignon, puis les champignons coupés en duxelle qu'il faut laisser cuire jusqu'à complète évaporation de l'eau. Saler et poivrer.

Dans une seconde poêle, faire légèrement colorer le saumon émietté avec un peu de beurre, assaisonner et réserver.

Sur la plaque du four préalablement beurrée, étaler la pâte à brioche en rectangle. Etaler la moitié du riz au centre, puis déposer le saumon, les champignons et les échalotes, l'œuf dur écrasé, du persil haché et enfin, l'autre moitié du riz.

Rouler la pâte sur elle-même, souder les bords et percer une cheminée au centre dans laquelle vient se glisser un morceau de carotte de la même taille pour la consolider. Dorer toute la surface de la pâte avec un jaune d'œuf battu, dessiner quelques croisillons et laisser reposer une dizaine de minutes. Mettre au four à 180 °C pendant 30 min.

Dans une casserole, faire tiédir cinq cuillères de crème fraîche, ajouter le jus d'un citron, de la ciboulette hachée, assaisonner et mélanger.

Dresser chaque assiette très chaude avec une tranche de koulibiak de saumon, entourée d'un ruban de sauce et décorée d'une tomate cerise et de quelques feuilles de mâche.

Maquereaux pommes Macaire

Pour 4 personnes

4 maquereaux, 1 l de vin blanc, 50 cl de vinaigre blanc, 1 citron, thym, laurier, sel, poivre concassé, 1 grosse carotte, 1 oignon, 3 clous de girofle, 1 noix de muscade, 1 kg de pommes de terre, 100 g de beurre, 4 c.s. d'huile, 1 demi-botte de persil

Préparer une marinade à chaud

Dans un grand plat, faire chauffer le vin blanc et le vinaigre blanc.

Couper la carotte et le citron en rondelles et les mettre dans la marinade.

Ajouter l'oignon émincé, le thym, le laurier, les trois clous de girofle, saler copieusement, poivrer et laisser chauffer 4 ou 5 min.

Vider et nettoyer les maquereaux. Les plonger dans la marinade et laisser bouillir 1 ou 2 min sans cesser d'arroser le dessus avec une louche. Sortir du feu et laisser reposer pendant 12 h.

Au four à 200 °C, faire cuire les pommes de terre en robe pendant 1 h à 1 h 15. Les couper en deux, vider la chair dans un saladier, ajouter 100 g de beurre coupé en morceaux, du sel, la muscade râpée et écraser le tout en purée.

Faire colorer du beurre et de l'huile dans des petits poêlons, les remplir avec la purée bien tassée et laisser cuire 4 ou 5 min.

Démouler les tartelettes de pommes de terre dans l'assiette chaude, ajouter les maquereaux à peine tièdes et saupoudrer de persil haché.

Gratin de poissons à la purée de cresson

Quand il reste de la marmite touquetoise

(cf. page 54)

Pour 4 personnes

Poissons de la marmite, 4 petites gambas, beurre, 2 c.s. de farine, pistils de safran, gruyère râpé, sel et poivre

Pour la béchamel
60 g de beurre, 2 c.s. de farine, 50 cl de lait

Pour la purée de cresson
4 bottes de cresson, 2 laitues, 30 g de beurre, 3 gousses d'ail, 2 c.s. de crème fraîche, 1 citron

Faire la sauce Béchamel

Dans une casserole à fond épais, faire fondre à feu doux 60 g de beurre et mélanger à deux cuillères de farine sans cesser de remuer à la cuillère de bois jusqu'à obtenir un mélange lisse et non coloré.

Verser 50 cl de lait froid sur la préparation sans cesser de fouetter pour éviter les grumeaux. Saler, poivrer et ajouter un peu de muscade râpée. Réserver au chaud au bain-marie.

Faire la purée de cresson

Laver, nettoyer et détailler les salades et le cresson en enlevant les grosses tiges.

Dans une grande marmite, mettre à bouillir 2 litres d'eau salée avec les gousses d'ail, y jeter toutes les feuilles et laisser cuire 6 min. Sortir, égoutter les feuilles et les passer au mixeur.

Dans une casserole, faire fondre 30 g de beurre, y verser la purée de cresson recuire quelques minutes. Tout en remuant, incorporer deux cuillères de crème fraîche, le jus d'un demi-citron, du sel, du poivre et réserver au chaud quand la purée est bien liée.

Faire le gratin

Décortiquer et couper les gambas en deux dans leur longueur. Détailler les restes de poissons en petits morceaux et beurrer des moules à gratin individuels. Dans chaque moule, déposer des restes de poissons et de légumes et poser par-dessus deux moitiés de gambas.

Recouvrir de sauce Béchamel, saupoudrer de pistils de safran et de gruyère râpé et déposer une noisette de beurre

Mettre au four à 180-200 °C une dizaine de minutes jusqu'à ce que le gratin soit bien doré.

Dresser le moule à gratin sur une assiette large et disposer la purée de cresson sur le côté, agrémentée d'une ou deux feuilles.

Maquereaux à la boulonnaise

Pour 4 personnes

4 beaux maquereaux, 1 l de moules, 50 g de beurre, 120 g de champignons de Paris, 1 citron, 2 oignons, 25 g de farine, 1 œuf, 30 cl de bière blonde, sel et poivre

Gratter, ébarber les moules et les passer à l'eau froide sans les y plonger pour qu'elles ne rendent pas leur eau. Les mettre dans une grande cocotte, recouvrir et les faire cuire à blanc en remuant de temps en temps jusqu'à ce qu'elles soient toutes ouvertes.

Sortir les moules de leur coquille, les réserver et réserver le jus de cuisson.

Dans un faitout, faire blondir les oignons émincés dans 25 g de beurre. Verser la farine en pluie sur les oignons blondis sans cesser de mélanger et ajouter les deux tiers de la bière.

Dans un saladier, battre un œuf avec le tiers de bière restant. Verser le jus de cuisson des moules à travers une étamine, mélanger et mettre cette préparation dans le faitout. Ajouter les champignons de Paris émincés et laisser infuser 2 à 3 min, puis, hors du feu, plonger les moules dans ce bouillon.

Préchauffer le four à 210 °C. Laver, vider et inciser les maquereaux sur le haut du dos.

Beurrer un plat allant au four et y verser la moitié du bouillon. Placer les maquereaux sur le plat, les recouvrir du reste de jus et poser quelques noisettes de beurre. Mettre au four et faire cuire une vingtaine de minutes.

Servir avec des pommes de terre à l'eau.

Filets de soles à la Kriek

Pour 4 personnes

3 belles soles à filets, 50 cl de Kriek (bière à la cerise), 2 échalotes grises, 3 c.s. de crème fraîche, 20 cerises à l'eau-de-vie, persil ou ciboulette, 1 citron, vinaigre de framboise, sel, poivre, 40 g de farine, 40 g de beurre

Pour le fumet

1 oignon, 1 carotte, thym, laurier, 50 cl de vin blanc, arêtes de soles

Lever les filets des soles et, avec les arêtes et tous les ingrédients, préparer le fumet de poisson dans 50 cl d'eau salée.

Beurrer un plat allant au four et recouvrir le fond avec les échalotes émincées. Sur les échalotes, poser les filets pliés en deux, côté peau vers l'in-

térieur. Saler, poivrer, verser la Kriek et trois ou quatre louches du fumet de poisson tamisé au chinois.

Mettre le plat à four chaud et compter 7 ou 8 min de cuisson au premier bouillon.

Dans une casserole, préparer un roux avec 40 g de beurre et 40 g de farine.

Dans une seconde casserole, détendre trois jaunes d'œufs avec un filet de vinaigre de framboise. Mettre la casserole au bain-marie et battre ce mélange jusqu'à ce qu'il devienne mousseux.

Sortir le plat du four. Passer au chinois environ 75 cl du jus de cuisson sur le roux froid, sans cesser de fouetter. Rectifier l'assaisonnement si nécessaire. Sur le feu, verser la sauce sur les jaunes d'œuf et mélanger. Ajouter quelques gouttes de citron et trois cuillères de crème fraîche, battre et laisser quelques minutes à feu doux.

Ajouter les cerises à l'eau de vie et incorporer doucement pour ne pas abîmer les fruits.

Essorer les filets de soles sur un torchon propre et les servir dans une assiette chaude, recouverts de sauce, accompagnés de purée ou de pommes duchesses, parsemés de persil ou de ciboulette hachés.

Matelote aux maquereaux d'Etaples

Pour 4 personnes

4 gros maquereaux, 33 cl de bière blonde, 4 c.s. de crème fraîche, 2 échalotes, 1 gros oignon, 4 pommes de terre, 1/2 botte de persil, beurre, 1 noix de muscade, sel et poivre

Dans une casserole d'eau bouillante, faire cuire les quatre pommes de terre épluchées une dizaine de minutes.

Dans une marmite, faire fondre du beurre pour y faire blondir les échalotes et l'oignon hachés grossièrement.

Verser la bière dans la marmite, saler, poivrer et porter à ébullition.

Oter la tête et la queue des maquereaux préalablement vidés et les couper en trois tronçons. Les mettre dans la marmite, couvrir et laisser mijoter 5 min.

Sortir les pommes de terre, les couper en quatre et les plonger dans la marmite.

Ajouter de la muscade râpée, le persil haché, quatre cuillères de crème fraîche et rectifier l'assaisonnement si nécessaire. Couvrir et laisser cuire 2 à 3 min.

Sortir les maquereaux, les réserver au chaud et ajouter du beurre à la sauce pour la lier en laissant réduire quelques instants.

Dresser chaque assiette très chaude avec trois tronçons de maquereau et quatre morceaux de pommes de terre nappés de sauce et déguster une bonne bière de garde.

Marmite touquetoise

Pour 4 personnes

4 morceaux de lotte, 4 filets de sole, 4 coquilles Saint-Jacques, 4 filets de grondin, 4 darnes de congre, 120 g de crevettes grises, 20 moules de bouchot, 4 langoustines, 4 carottes, 2 courgettes, 2 poireaux, 4 échalotes, 1 gousse d'ail, 1 l de vin blanc sec, 50 cl de fumet de poisson, 3 œufs, beurre, 3 c.s. de crème fraîche, pommes de terre (ratte), 1 citron, sel et poivre

Laver et éplucher les échalotes, l'ail, les carottes et les courgettes, couper le blanc des poireaux. Hacher les échalotes et l'ail et faire une julienne avec les légumes. Décortiquer les crevettes.

Dans un grand faitout, faire revenir dans un beurre bien chaud les échalotes et l'ail, sans colorer. Ajouter la julienne de légumes, verser un quart du vin blanc, une louche du fumet de poisson, assaisonner, et laisser infuser à couvert pendant une dizaine de minutes.

Faire cuire les petites pommes de terre épluchées à la vapeur.

Dans une cocotte, mettre le reste de vin blanc et de fumet de poisson et porter à ébullition. Placer tous les morceaux de poisson, les Saint-Jacques, les moules entières et les langoustines. Couvrir et laisser frémir doucement pendant 10 min.

Egoutter les poissons et réserver au chaud. Dans un saladier, faire une liaison en mélangeant trois jaunes d'œufs avec trois cuillères de crème fraîche.

Mouiller la julienne de légumes à hauteur avec le jus de cuisson des poissons, baisser le feu et ajouter la liaison avec le jus d'un demi-citron.

Mélanger, disposer tous les poissons sur les légumes, ajouter les crevettes décortiquées et laisser infuser 8 à 10 min.

Dresser dans des petits poêlons individuels en mettant une pièce de chaque poisson, deux ou trois pommes de terre, recouvrir de julienne et napper de sauce.

Raie beurre noisette aux salsifis

Pour 4 personnes

1,2 kg d'aile de raie, 25 cl de lait, 4 citrons, 200 g de beurre, 600 g de salsifis, 2 c.s. de crème fraîche, 2 c.s. de farine, 1 noix de muscade, 100 g de câpres, 1 botte de persil, sel, poivre

Eplucher et couper les salsifis en bâtonnets puis les réserver dans un saladier d'eau froide citronnée pour qu'ils gardent leur blancheur.

Dans une casserole, mélanger deux cuillères de farine et 3 litres d'eau. Ajouter le jus d'un demi-citron pressé et son écorce zestée, porter à ébullition.

Mettre les salsifis dans la casserole et les faire cuire une bonne trentaine de minutes.

Dans une grande marmite d'eau froide, verser 25 cl de lait, le jus de l'autre demi-citron et son écorce, saler et porter à ébullition.

Laver l'aile de raie coupée en morceaux et la plonger dans la marmite pour la laisser pocher une vingtaine de minutes.

Retirer les morceaux et les égoutter sur du papier absorbant.

Egoutter les salsifis et faire fondre 50 g de beurre dans une poêle.

Mettre les salsifis dans la poêle, ajoutez deux cuillères de crème fraîche, de la noix de muscade râpée, du sel, du poivre et mélanger doucement le tout.

Laisser étuver à couvert 10 min à feu très doux puis parsemer de persil haché.

Faire fondre 150 g de beurre dans un poêlon jusqu'à ce qu'il prenne une belle couleur noisette (surtout, ne pas le brûler) et ajouter les câpres.

Dresser sur assiette chaude avec le morceau de raie recouvert de beurre noisette, les salsifis, un demi-citron historié et une branche de persil en décoration.

parmentier de soles, marinière de moules à la bière

Pour 4 personnes

2 soles de 600 g levées en filets, 400 g de moules de bouchot, 400 g de pommes de terre, 100 g de vert de poireaux, 1 bouquet garni, 150 g de beurre, 10 cl de crème fraîche, 15 cl de bière de garde, 2 oignons, ciboulette en brins, sel et poivre

Faire la marinière

Dans une casserole, faire suer les oignons émincés dans 30 g de beurre fondu. Ajouter les moules préalablement nettoyées, le bouquet garni, la bière et assaisonner légèrement. Couvrir et laisser cuire 3 ou 4 min.

Quand les moules sont ouvertes, filtrer le jus de cuisson avec un chinois, décortiquer les moules et réserver.

Faire le parmentier

Partager les filets de soles en deux et les dresser côte à côte sur un papier d'aluminium beurré.

Saler, poivrer et rouler les filets en forme de boudins bien serrés. Tailler les pommes de terre en petits dés et le vert des poireaux en brunoise.

Faire suer les poireaux dans 30 g de beurre fondu, ajouter les pommes de terre, mouiller avec le jus de cuisson des moules et compléter avec un peu d'eau à hauteur.

Cuire à tout petit feu une dizaine de minutes. Egoutter et réserver au chaud le jus de cuisson et les légumes. Mettre les boudins de soles sur leur papier d'aluminium pendant 10 min au four à 160 °C.

Faire la sauce

Dans une casserole, mélanger le jus de cuisson restant et la crème fraîche. Ajouter un morceau de beurre et battre pour faire monter la sauce.

Assaisonner et ajouter les moules décortiquées. Au centre des assiettes chaudes, dresser le mélange poireaux-pommes de terre.

Couper chaque boudin en médaillons et les disposer en rosace sur les légumes.

Verser un cordon de sauce autour du nid de légumes et parsemer de moules.

Décorer avec quelques brins de ciboulette et une coquille de moule.

soufflé de lotte à la betterave rouge

Pour 6 personnes

I: *500 g de lotte, 300 g de betteraves rouges, 3 échalotes, 9 c.s. de crème fraîche, 50 g de beurre, 3 œufs, 1 citron, sel, poivre, persil haché*

Préchauffer le four à 200 °C. Beurrer six ramequins qui seront préparés deux par deux.

Mettre 160 g de lotte, une échalote coupée grossièrement, un œuf entier, une cuillère de crème fraîche et un filet de jus de citron dans le récipient d'un robot ménager et passer le tout au mixer.

Verser cette farce dans deux des ramequins et répéter deux fois l'opération pour remplir tous les ramequins.

Poser les six ramequins dans un bain-marie et mettre au four pendant 25 à 30 min.

Préparer la sauce pendant ce temps : dans une casserole, faire fondre 40 g de beurre.

Couper les 300 g de betterave rouge en brunoise.

Lorsque le beurre est fondu, ajouter six cuillères de crème fraîche, mettre à feu très doux et rajouter les dés de betterave, le jus d'un demi-citron, le sel et le poivre.

Laisser infuser tout doucement sans laisser bouillir.

Au bout d'une demi-heure, sortir les ramequins du four et les démouler, deux par deux, sur une assiette chaude. Mettre la sauce avec des petits dés de betterave rouge en couronne et parsemer de persil haché.

paupiettes de sandre à l'oseille

Pour 4 personnes

4 filets de sandre de 200 g, 1 carotte, 1 poireau, 1 boule de céleri, 1 bouquet garni, 1 échalote, 1 oignon, 1 œuf, 1 citron, 1 botte de persil, 50 g de beurre, 50 cl de riesling, 3 c.s. de crème fraîche, 100 g d'oseille, sel et poivre

Préparer une julienne de légumes avec la carotte, le blanc de poireau et la moitié du céleri. Ebouillanter et égoutter la julienne.

Préparer un fumet de poisson avec les arêtes, un bouquet garni et la moitié de la julienne de légumes.

Parer les filets du poisson, c'est-à-dire couper les côtés de chaque filet pour lui donner une forme régulière, rectangulaire.

Dans le bol du robot, mettre les chutes des filets de sandre, l'échalote, le jus d'un demi-citron, quelques feuilles de persil, l'œuf entier, une cuillère de crème fraîche, du sel et du poivre. Mixer le tout et rectifier l'assaisonnement si nécessaire.

Déposer les filets de sandre bien à plat sur le plan de travail, saler et les tartiner de la farce du mixer. Mettre un peu du reste de julienne et rouler le filet sur lui-même (au besoin, le faire tenir avec un petit pic). Réserver ces paupiettes dans une assiette.

Dans un faitout, faire fondre du beurre et faire revenir l'oignon haché. Déposer les paupiettes sur l'oignon, saler, poivrer, verser le riesling et mouiller au trois quarts de la hauteur avec le fumet de poisson passé au chinois. Déposer trois cuillères de crème fraîche sans la mélanger.

Porter à ébullition puis réduire la cuisson pour laisser mijoter les paupiettes une quinzaine de minutes.

Nettoyer, ciseler l'oseille et la disposer autour des paupiettes. Ajouter trois cuillères de crème fraîche et laisser infuser 5 à 6 min.

On peut accompagner ces paupiettes de sandre d'un gratin de nouilles.

Turbot à la boulonnaise

Pour 4 personnes

1 turbot (400 g/pers.), 3 citrons, 1 botte de persil, 50 cl de lait, 3 œufs, 250 g de beurre, sel, poivre, 1 kg de pommes de terre, 1 pot de passe-pierre, 1 pichet d'eau

Dans une casserole, porter à ébullition un mélange d'eau salée, de lait et du jus d'un demi-citron.

Dans une autre casserole, faire fondre 250 g de beurre au bain marie.

Découper le poisson en morceaux, ôter la tête, plonger ces morceaux dans le mélange eau/lait/citron et laisser cuire 20 à 25 min à petits bouillons.

Dans un récipient, porter à ébullition de l'eau froide salée et y plonger les pommes de terre. Laisser cuire 15 min. Si les pommes de terre sont cuites avant le poisson, remplacer 1/3 de l'eau chaude par 1/3 d'eau froide, elles ne bougeront plus.

Ecrémer le beurre fondu, ôter la casserole du feu et réserver. Dans une troisième casserole, toujours au bain marie, mélanger trois jaunes d'œufs et un filet d'eau, jusqu'à épaississement (battre au fouet en formant des 8 dans la casserole).

Hors du feu, incorporer le beurre à cet appareil, par petites quantités pour faire monter la sauce (comme une mayonnaise). Assaisonner, ajouter un filet de jus de citron et remettre la casserole au bain marie.

Après les avoir essorés, réchauffer les passe-pierres dans du beurre fondu.

Egoutter les filets de turbot sur du papier absorbant.

Disposer le poisson, les pommes de terre et les passe-pierres dans une assiette chaude, décorer avec des demi-citrons historiés et vernir la peau des filets avec du beurre fondu. Servir la hollandaise dans une saucière.

Turbotin au cresson

Pour 4 personnes

Filets de turbotin (150 g/pers), 1 carotte, 2 poireaux, 1 demi-boule de céleri, 1 botte de cresson, 40 g d'échalotes, 4 c.s. de vinaigre, 1 c.s. de crème fraîche, 125 g de beurre, sel, poivre

Faire une julienne avec la carotte, les poireaux et le céleri et placer tous les légumes émincés dans le premier compartiment d'un faitout pour cuisson à la vapeur. Saler et faire cuire 5 min.

Dans le deuxième compartiment, placer les filets de turbotin, ajouter une pincée de sel et de poivre et laisser cuire 8 min.

Dans une casserole, faire cuire le cresson lavé et équeuté avec un peu d'eau. Laisser évaporer et passer au mixer pour hacher très fin, puis ajouter une cuillère de crème fraîche et une noisette de beurre. Réserver au chaud.

Préparer le beurre blanc

Faire bouillir les échalotes émincées dans le vinaigre et laisser réduire. Ajouter une cuillère de crème fraîche et faire réduire à nouveau. Mettre enfin le beurre, petit à petit et le monter comme une mayonnaise à chaud.

Rectifier l'assaisonnement si nécessaire.

Dresser le turbotin au milieu d'une assiette chaude, entouré du cresson crémé. Recouvrir de la julienne de légumes et verser le beurre blanc sur l'ensemble.

Blancs de pintade de Licques aux morilles

Pour 4 personnes

4 blancs de pintade de Licques, 200 g de morilles fraîches, beurre, huile, 3 échalotes, 25 cl de cidre doux, 3 cuillères de crème fraîche, 1 œuf, lait, pommes de terre, ciboulette, sel et poivre

Faire tremper les morilles dans du lait pendant 2 h. Si les morilles sont déshydratées, réserver le lait pour le rajouter à la sauce.

Egoutter les morilles et hacher les échalotes.

Dans un faitout, faire frémir un mélange d'huile et de beurre et y déposer les blancs de pintade. Laisser cuire 15 min en les retournant de temps en temps et réserver sur un plat de service.

Dans le même faitout mettre les morilles et deux échalotes hachées. Mouiller avec 25 cl de cidre, saler, poivrer et laisser mijoter une dizaine de minutes.

Pendant ce temps, dans une poêle faire sauter les pommes de terre taillées en cubes dans un mélange très chaud de beurre et d'huile. Ajouter la troisième échalote hachée quand elles commencent à colorer.

Faire fondre deux ou trois cuillères de crème fraîche avec les échalotes et les morilles. Ajouter les blancs de pintade et laisser infuser à feu doux une dizaine de minutes.

Rectifier l'assaisonnement si nécessaire.

Hors du feu, ajouter un jaune d'œuf à la sauce de morilles pour la lier.

Servir aussitôt les blancs recouverts de sauce et parsemés de ciboulette hachée. On peut les accompagner de spaghetti ou de tagliatelles « al dente ».

canard rôti aux navets glacés, crosnes à la crème

Pour 4 personnes

1 gros canard fermier (+ abattis), 100 g de beurre, 2/3 c.s. d'huile d'arachides, 200 g de petits oignons grelots, 50 g de sucre en poudre, 1 kg de petits navets nouveaux, 1 verre de vin blanc sec, 50 cl de fond de veau, 600 g de crosnes, 2 c.s. de crème fraîche, noix de muscade, persil, sel et poivre du moulin

Faire brider le canard par le volailler.

Saler et poivrer généreusement l'extérieur et l'intérieur du canard et faire fondre deux ou trois cuillères d'huile avec 30 g de beurre dans une cocotte en fonte avec couvercle.

Poser d'abord le canard du côté d'une cuisse et le laisser cuire une vingtaine de minutes à couvert puis le retourner sur l'autre côté et faire de même en ajoutant les abats autour du canard. Surveiller et arroser régulièrement le canard avec le jus de cuisson. Finir en mettant le canard sur le dos et laisser cuire 10 min.

Pendant ce temps, éplucher les navets nouveaux, les tourner pour leur donner la forme d'une grosse olive sans jeter les parures. Les mettre dans une casserole d'eau à hauteur avec 20 g de beurre, trois cuillères de sucre, une pincée de sel et faire cuire une dizaine de minutes. Ne pas oublier de souvent remuer les navets et de veiller à ce qu'il reste toujours un peu d'eau au fond. Réserver.

Répéter la même opération, dans une autre casserole, avec les petits oignons grelots préalablement épluchés.

Sortir le canard du plat, enlever l'excédent de graisse de la cocotte, déglacer avec un verre de vin blanc, ajouter 50 cl de fond de veau et passer au chinois. Réserver.

Finir de déglacer les navets et les oignons, découper le canard, le remettre dans la cocotte, entouré des parures de navets, des navets glacés, des oignons grelots et verser la sauce dessus. Laisser infuser une dizaine de minutes.

Pendant ce temps, nettoyer les crosnes en les frottant avec du gros sel dans un torchon. Rincer en les passant à l'eau froide et sécher.

Dans une casserole, cuire les crosnes avec 30 g de beurre, deux cuillères de crème fraîche, de la noix de muscade, un peu de persil haché, du sel et du poivre.

Dresser les morceaux de canard, sur assiette chaude, entourés de navets et d'oignons glacés puis des crosnes, le tout nappé de sauce et orné d'un bouquet de mâche.

coq des coqueleux

Pour 8 personnes

1 coq de 2 ou 3 kg., 150 g de lardons, 30 g de saindoux, 70 g de farine, 250 g de pain d'épice, 1 bouquet garni, 1 gousse d'ail, 5 cl de genièvre, 1,5 l de bière de garde, 300 g de petits oignons, 250 g de champignons de Paris, 10 cl de crème fraîche, 20 g de sucre semoule, 50 cl d'eau, sel, poivre, 1 botte de persil

Détailler le coq en morceaux et, dans une cocotte, les faire revenir dans le saindoux jusqu'à coloration. Ajouter la moitié des lardons, la gousse d'ail écrasée et saupoudrer le tout de farine. Laisser cuire 5 min pour ôter l'acidité de la farine.

Arroser le coq de genièvre et faire flamber.

Ajouter 1,5 litre de bière de garde, le bouquet garni, le sel, le poivre et 250 g de pain d'épice émietté.

Cuire au four à 200 °C pendant 3 ou 4 h, selon grosseur.

Faire les petits oignons à brun

Dans une casserole, recouvrir d'eau les petits oignons, à niveau. Rajouter une noisette de beurre et 20 g de sucre semoule. Quand l'eau est évaporée, faire caraméliser sans cesser de les faire tourner dans la casserole.

Dans une poêle, faire revenir le reste des lardons et les champignons de Paris coupés en lamelles.

En fin de cuisson du coq, rajouter les petits oignons caramélisés, les lardons et les champignons. Mélanger à 10 cl de crème fraîche et laisser infuser à chaud 1 ou 2 min.

Servir dans un plat creux, avec la sauce, le coq saupoudré de persil haché accompagné de pommes vapeurs ou de pommes sautées.

Lapin aux pruneaux

Pour 6 personnes

1 lapin (1,5 à 1,8 kg), 24 pruneaux d'Agen, 60 g de raisins de Corinthe, 2 tomates, 100 g d'échalotes grises, 2 gousses d'ail, 50 g de saindoux, 70 g de farine, 100 g de pain d'épice, 50 cl de vin blanc, 50 cl d'eau, vinaigre de vin, 6 morceaux de sucre, cannelle en poudre, 2 clous de girofle, thym, laurier, sel, poivre

Couper le lapin en morceaux et réserver la tête, le foie et les rognons.

Dans une marmite, faire chauffer le saindoux et faire revenir les morceaux de lapin de chaque côté jusqu'à coloration. Rajouter les abats au dernier moment.

Faire blondir les échalotes grises, puis ajouter les tomates coupées en morceaux, les gousses d'ail entières, et la farine. Laisser cuire 2 ou 3 min.

Verser le vin blanc et recouvrir d'eau. Saler et poivrer.

Ajouter une pincée de cannelle, le laurier, le thym, deux ou trois clous de girofle, couvrir et laisser mijoter pendant 1 h à petit feu.

Pendant ce temps, faire gonfler les pruneaux et les raisins dans de l'eau.

Une heure plus tard, ajouter le pain d'épice émietté, les pruneaux et les raisins dans la marmite. Couvrir et laisser mijoter 30 min, rectifier l'assaisonnement si nécessaire.

Dans une casserole, faire fondre cinq ou six morceaux de sucre avec un peu d'eau pour faire un caramel. Quand il est coloré, déglacer au vinaigre.

Ajouter deux louches du jus de cuisson du lapin passé au chinois (pour filtrer les sucres) et mélanger au caramel.

Dresser sur assiette chaude, napper de sauce et accompagner de pommes à l'eau ou de pâtes fraîches.

colvert, poires au vin

Pour 4 personnes

2 canards colverts (1/2 par pers.), 2 poires, 2 échalotes, 1 verre de cognac, 1 l de vin rouge, 1 c.s. de crème fraîche, 50 g de beurre, 1 bâton de cannelle, 1 noix de muscade, 2 ou 3 clous de girofle

Détailler les canards et, dans une cocotte, saisir les cuisses dans du beurre fondu pendant une quinzaine de minutes.

Déposer ensuite les magrets, d'abord côté peau, et laisser dorer le tout 6 à 8 min, en retournant les morceaux de temps en temps. Lorsque le canard est bien coloré, saler et poivrer.

Ajouter les échalotes ciselées et mettre le couvercle sur la cocotte pendant quelques minutes pour que la vapeur humidifie la viande.

Vider l'excédent de graisse avec une louche, verser le cognac et faire flamber. Réserver.

Poires au vin rouge

Eplucher les poires, les couper en deux, ôter le cœur et les pépins. Verser 1 litre de vin rouge dans une casserole, y plonger les poires, le bâton de cannelle, la muscade râpée et les clous de girofle. Laisser frémir 20 min.

Découper les poires en lamelles, les disposer dans la cocotte, verser le jus de cuisson et laisser infuser le tout 3 ou 4 min.

Sortir les morceaux de canard et les quartiers de poire, les mettre dans un plat, réserver au chaud et finir la sauce.

Mettre la crème fraîche dans la cocotte, rajouter une noisette de beurre et faire réduire le tout quelques minutes en remuant de temps en temps.

Dresser sur assiette chaude en disposant le canard avec un éventail de lamelles de poire nappé de sauce.

canard à l'orange

Pour 4 personnes

1 canette de barbarie de 1,5 kg, 50 g de beurre, 5 c.s. d'huile d'arachide, 5 oranges, 1 citron, 2 c.s. de sucre semoule, 2 c.s. de vinaigre d'alcool, 2 oignons, 2 carottes, 50 cl d'eau, 1 botte de cresson, pommes dauphines

Couper le bout des ailes du canard, ainsi que le cou, sans oublier d'enlever les glandes du croupion.

Laver, éplucher et couper les carottes et les oignons en petits dés.

Sur le gaz mais dans une plaque à rôtir, faire fondre le beurre avec l'huile et y faire colorer le canard sur toutes les faces. Après coloration, ajouter les légumes, assaisonner et mettre le plat au four à 220 °C pendant 50 min.

Retirer les zestes de trois oranges et d'un citron et les faire infuser dans une casserole d'eau bouillante pendant 2 à 3 min. Réserver.

Peler à vif et couper deux oranges en quartiers. Réserver.

Lorsque le canard est cuit, le sortir du four, enlever l'excédent de graisse remettre à chauffer sur le gaz et déglacer avec 1/2 litre d'eau. Ajouter les zestes d'orange et de citron et remettre au four.

Dans une poêle, faire colorer deux cuillères de sucre semoule allongées d'un peu d'eau. Lorsque ce caramel bout, déglacer au vinaigre d'alcool, ajouter le jus du citron et de la dernière orange, mélanger et laisser réduire.

Verser cette préparation sur le canard et laisser encore 3 min au four.

Dans une casserole déposer les quartiers d'orange. Sortir le plat du four, réserver le canard et verser la sauce sur les quartiers d'orange à travers un chinois. Faire mijoter sur le gaz pendant quelques minutes.

Détailler le canard et découper le dos en aiguillettes.

Dresser sur assiette très chaude un morceau du canard accompagné de pommes dauphines, d'un bouquet de cresson et nappé de sauce.

Moins grosse et moins grasse, la canette est plus tendre et plus fine que le canard.

Lapin à la bière de Noël

Pour 6 personnes

1 lapin d'environ 1,3 kg, 1 l de bière de Noël, 50 g de saindoux, 120 g de lardons fumés, 1 oignon, 2 échalotes, 2 gousses d'ail, 2 c.s. de farine, 1 c.s. de moutarde, 1 c.s. de gelée de groseille, 100 g de pain d'épice, 50 cl d'eau, thym, laurier, 2 clous de girofle, sel, poivre, persil, cerfeuil

Couper le lapin en morceaux et réserver le foie et les rognons.

Dans une cocotte, colorer les morceaux de lapin dans le saindoux.

Ajouter les lardons, l'oignon émincé, les échalotes hachées et faire revenir. Ajouter le foie et les rognons et saupoudrer de farine pour lier le tout. Ajouter l'ail haché, verser le litre de bière, saler, poivrer et laisser frissonner.

Ajouter la gelée de groseille et la moutarde. Mélanger. Mettre une branche de thym, une feuille de laurier, deux clous de girofle, verser 50 cl d'eau et faire bouillir. Couvrir et laisser mijoter 1 h.

Emietter le pain d'épice dans la cocotte, mélanger, recouvrir et laisser mijoter 15 min. Rectifier l'assaisonnement si nécessaire.

Dresser sur assiette chaude, en parsemant de cerfeuil et de persil hachés, en accompagnant de pommes vapeurs ou de pommes noisettes.

Dinde de Licques aux pleurottes et aux marrons

Pour 8 personnes

1 dinde de Licques (3,5 kg), 600 g de pleurotes, 200 g de marrons, 3 ou 4 c.s. d'échalotes hachées, 150 g de lardons, 2 c.s. de farine, 1 verre de cognac, 1,5 l de vin rouge, 1 c.s. de crème fraîche, 2 clous de girofle, thym, laurier, 1 botte de persil

Dans une cocotte, faire revenir dans le beurre, la dinde coupée en morceaux. Après coloration, ajouter les échalotes hachées et les lardons.

Laisser revenir quelques minutes et saupoudrer de farine. Laisser cuire 5 ou 6 min.

Verser le cognac dans la cocotte et faire flamber. Ajouter le vin rouge, une feuille de laurier, une branche de thym et un ou deux clous de girofle. Laisser cuire 2 à 3 h à feu doux et à couvert.

Dans une poêle, faire sauter au beurre les pleurotes et 20 min avant la fin de cuisson de la dinde, mettre les marrons en coque à four très chaud.

Une fois la dinde cuite, retirer les morceaux, les déposer dans le plat de service et réserver au chaud. Mettre les pleurotes et les marrons décortiqués, entiers, dans la cocotte. Ajouter une cuillère de crème fraîche et laisser réduire la sauce pendant 5 bonnes minutes.

Verser la sauce, les marrons et les pleurotes sur les morceaux de dinde et saupoudrer le tout de persil haché.

Crapaudines de cailles en papillotes

Pour 4 personnes

4 grosses cailles désossées, 2 carottes, 2 poireaux, 4 fonds d'artichaut, 150 g de girolles, 100 g de beurre, huile d'arachide, 1 c.s. de farine, 25 cl de bouillon de volaille, sel et poivre

Faire désosser les cailles par le volailler : enlever les têtes et les bréchets.

Couper les blancs de poireaux et les carottes en julienne. Détailler les fonds d'artichauts et les girolles en brunoise.

Dans une casserole d'eau bouillante, faire blanchir la julienne de légumes pendant 2 à 3 min. Egoutter et réserver.

Dans une sauteuse, saisir les cailles dans du beurre chaud, 3 à 4 min de chaque côté. Saler, poivrer et réserver. Dans la même sauteuse, faire revenir les girolles puis les fonds d'artichauts.

Dans une casserole préparer un roux avec 30 g de beurre et 30 g de farine et verser dessus le bouillon de volaille froid sans cesser de mélanger pour éviter les grumeaux.

Quand la sauce a bien épaissi, y mettre les champignons et les fonds d'artichauts à infuser pendant 5 à 6 min.

Enduire de beurre fondu quatre feuilles d'aluminium à l'aide d'un pinceau. Déposer un nid de julienne de légumes au centre de chaque feuille, y poser une caille sur le ventre, la recouvrir de sauce et refermer hermétiquement les papillotes, sans les compresser. Poser les papillotes sur la plaque du four avec un fond d'eau et mettre au four à 200 °C pendant 30 min.

Servir très chaud avec des pommes sautées au lard en accompagnement.

coquelets à la bière de garde

Pour 4 personnes

2 coquelets de 600/800 g, beurre, huile d'arachides, 3 c.s. de farine, 1 carotte, 1 oignon, 1 l de bière de garde, 1 bouquet garni, 100 g de lardons, 20 oignons grelots, 200 g de champignons de Paris, 2 c.s. de crème fraîche, 600 g de Roseval, 1 échalote grise, 1 botte de persil, mâche, sel, poivre

Dans une casserole, faire cuire les pommes de terre à la pelure.

Couper les coquelets en deux et les faire revenir dans une cocotte, d'abord côté peau, dans un mélange de beurre et d'huile chaud. Saler et poivrer.

Ajouter la carotte et l'oignon coupés en brunoise et laisser colorer 3 ou 4 min.

Mettre le bouquet garni, trois cuillères de farine, verser le litre de bière et laisser mijoter 30 min à couvert.

Dans une poêle, faire revenir quelques minutes les lardons, les oignons et les champignons en morceaux.

Au bout d'une vingtaine de minutes de cuisson des coquelets, verser les lardons, les oignons et les champignons dans la cocotte et ajouter deux cuillères de crème fraîche.

Laisser infuser et réserver au chaud. Couper les pommes de terre en morceaux (si elles sont trop grosses) et les faire sauter dans du beurre chaud. Saler et ajouter une échalote et du persil haché.

pigeons grand-mère

Pour 4 personnes

2 pigeons de 650 g, 24 oignons grelots, beurre, huile d'arachide, vinaigre, 1 sucre, 300 g de champignons de Paris, 100 g de lardons fumés, 1 verre de vin blanc sec, eau, 4 pommes de terre, mâche, 1 botte de persil

Eplucher et couper les pommes de terre en quatre, les rincer et les déposer dans une casserole d'eau froide. Porter à ébullition pour les blanchir 3 ou 4 min et les égoutter.

Eplucher les oignons grelots préalablement trempés dans de l'eau chaude vinaigrée. Dans un plat allant au four, mettre quelques noisettes de beurre, disposer les pigeons, les arroser d'un filet d'huile, saler, poivrer et mettre au four à 180 °C pendant 1 h.

Dans une cocotte, faire chauffer un mélange de beurre et d'huile, verser les pommes de terre en les retournant pour qu'elles soient bien enrobées et mettre au four.

Dans une casserole, faire bouillir un verre d'eau salée avec 1 sucre et une noisette de beurre. A ébullition, plonger les oignons grelots et laisser cuire jusqu'à leur caramélisation, après évaporation du liquide.

Dans une poêle, mettre un peu d'huile et faire cuire les champignons et les lardons pendant 4 ou 5 min.

Sortir les pigeons du four, les couper en deux et vider le plat de l'excédent de graisses. Sur le feu, déglacer la sauce avec un verre de vin blanc et un verre d'eau et gratter le fond pour dégager les sucs. Ajouter les champignons, les lardons, les pommes de terre légèrement salées, déposer les moitiés de pigeons et les oignons caramélisés et laisser infuser à petit feu 2 ou 3 min.

Dresser sur assiette chaude.

Gigue de chevreuil, sauce poivrade

1 gigue de chevreuil (1,5 à 2 kg) désossée, les os de la gigue,
50 g de beurre, 3 c.s. d'huile d'arachide

Pour la marinade
1 l de vin rouge, 1 verre de cognac, 2 carottes, 1 oignon,
2 gousses d'ail, 2 clous de girofle, thym, laurier, sel, poivre du moulin

Pour la sauce
70 g de beurre, 70 g de farine, 3 échalotes, 2 c.s. de crème fraîche,
10 cl de vinaigre, poivre mignonnette

Préparer la marinade

Dans un grand faitout, mettre tous les ingrédients nécessaires à la marinade et y placer la gigue préalablement enduite d'huile à l'aide d'un pinceau. Laisser reposer au frais pendant une douzaine d'heures en la retournant de temps en temps.

Réserver la marinade.

Huiler un plat allant au four, y poser la gigue parsemée de noix de beurre, saler, poivrer et cuire au four à 220 °C pendant 1 h environ.

Aux trois quarts de la cuisson, vider l'excédent de graisse et déglacer avec un peu d'eau. Mettre les os dans le plat et poser le chevreuil dessus pour qu'il ne trempe plus dans son jus.

Préparer la sauce

Dans une casserole, faire bouillir le vinaigre avec les échalotes hachées et deux cuillères de poivre mignonnette. Ajouter la marinade et laisser mijoter une trentaine de minutes.

Dans une autre casserole préparer un roux en faisant fondre 70 g de beurre. Mélanger à 70 g de farine, laisser cuire 2 à 3 min sans cesser de mélanger et laisser refroidir.

A travers un chinois, verser petit à petit la marinade chaude sur le roux froid tout en mélangeant au fouet. Quand la sauce est devenue onctueuse, cesser de verser la marinade, ajouter une noisette de beurre, deux cuillères de crème fraîche et battre pour la lier. Rectifier l'assaisonnement si nécessaire.

Couper la gigue de chevreuil en tranches et servir sur assiette chaude, accompagnée d'une purée de marron, de petites barquettes de confiture d'airelles et d'un bouquet de cresson.

Lapin à la chicorée

Pour 6 personnes

1 lapin de 1,4 kg, 4 c.s. de chicorée, 100 g de beurre, 1 carotte, 1 oignon, 4 c.s. de farine, 2 c.s. de crème fraîche, 4 c.s. d'huile, 200 g de champignons de Paris, 25 cl de vin blanc, 50 cl d'eau, 1 branche de thym, 2 feuilles de laurier, 2 clous de girofle, 600 g de pommes de terre, 4 endives, sel, poivre

Détailler le lapin. Tremper les morceaux dans un bol de chicorée liquide et les passer dans la farine.

Dans une sauteuse, faire revenir, d'abord côté peau, les morceaux de lapin dans un mélange de beurre et d'huile chaud.

Ajouter l'oignon haché, la carotte coupée en brunoise, deux ou trois cuillères de farine et mélanger. Laisser cuire 2 ou 3 min.

Mettre dans la sauteuse les champignons coupés en quartiers et déglacer avec 25 cl de vin blanc et 50 cl d'eau.

Ajouter deux cuillères de chicorée liquide, saler, poivrer et mettre le thym, le laurier et deux clous de girofle.

Ralentir la cuisson au premier bouillon, couvrir et laisser mijoter 1 h à 1 h 10.

Mettre les endives à braiser et faire cuire les pommes de terre à l'eau ou à la vapeur.

Dans la sauteuse, ajouter deux ou trois cuillères de crème fraîche et laisser infuser pour qu'elles se fondent dans la sauce.

Lièvre du châtelain de Montreuil

Pour 4 personnes

1 lièvre détaillé, 75 cl de bière de garde, 125 g de pruneaux dénoyautés, 400 g de pommes de terre, 20 cl de lait, 100 g de beurre, huile, 2 c.s. de farine, 2 échalotes grises, 1 oignon, 1 bouquet garni, 2 clous de girofle, 40 g de pistaches vertes, 40 g d'amandes blanches, 40 g de noisettes, 1 betterave rouge cuite, sel et poivre du moulin, 1 bouquet de mâche

Dans un saladier, préparer une marinade avec 75 cl de bière de garde, un bouquet garni, un oignon épluché piqué de deux clous de girofle et faire mariner les morceaux du lièvre toute une nuit, au frais.

Egoutter tous les morceaux du lièvre et réserver les filets.

Dans une casserole d'eau salée, faire cuire les pommes de terre (charlottes) épluchées. Pendant ce temps éplucher et hacher grossièrement les échalotes et broyer ensemble les amandes, les pistaches et les noisettes.

Détailler la betterave rouge en tout petits cubes.

Dans une cocotte, faire chauffer un mélange de beurre et d'huile pour y faire colorer les morceaux de lièvre (pas les filets). Saler, poivrer au moulin, ajouter les échalotes et laisser colorer légèrement. Verser la farine en pluie, laisser cuire 2 min et ajouter toute la marinade. Laisser mijoter à petits bouillons pendant 2 h.

Sortir les morceaux du lièvre pour les laisser tiédir et réserver dans une casserole, au frais, 25 cl de la marinade passée au chinois.

Mettre les pruneaux à infuser dans la cocotte avec le reste de la marinade et ajouter la chair des morceaux de lièvre préalablement émiettée pour laisser compoter à feu doux.

Ecraser les pommes de terre en purée en incorporant 20 cl de lait bouilli et deux noix de beurre. Dans un bain-marie, réserver la purée au chaud.

Dans une poêle, saisir les filets de lièvre 2 ou 3 min dans un beurre très chaud. Saler, poivrer et découper les filets en fines tranches.

Dresser les assiettes : à l'aide d'un cercle de pâtissier, déposer d'abord une couche de purée et la recouvrir de la compote de lièvre. Parsemer de hachis de fruits secs et déposer dessus quelques cubes de betterave. Oter le cercle, entourer d'un ruban de la sauce marinée et disposer quelques morceaux du filet émincé. Donner une touche de couleur avec un petit bouquet de mâche.

pintade au chou

Pour 4 personnes

1 pintade fermière (1,5 kg), 1 gros chou frisé, 1 petit-suisse, 50 g de beurre, 3 c.s. d'huile d'arachide, 50 g de saindoux, 120 g de lardons fumés, 3 saucisses fumées, 2 carottes, 2 oignons, 1 verre de vin blanc, 1 bouquet garni, sel, poivre

Oter les premières feuilles du chou, le laver et le blanchir 10 min. dans une grande marmite.

Préchauffer le four à 180 °C.

A la flamme, brûler les dernières plumes de la pintade, la farcir du petit suisse, saler, poivrer et réserver.

Dans un plat allant au four, faire chauffer un mélange de beurre et d'huile et faire colorer la pintade sur toutes ses faces. Lorsqu'elle est bien colo-

rée, mettre au four pendant 35 min. Egoutter le chou et le rafraîchir. Réserver. Couper les saucisses en grosses rondelles.

Dans un grand faitout en fonte, faire fondre le saindoux et y faire revenir les lardons jusqu'à coloration. Ajouter les deux oignons hachés et mélanger.

Ajouter les carottes coupées en rondelles et les tronçons de saucisses. Bien mélanger et mettre le chou par dessus. Laisser saisir 2 ou 3 min.

Verser 1 litre d'eau dans le faitout et rajouter le bouquet garni, le verre de vin blanc et assaisonner. Couvrir et laisser mijoter au moins 30 min.

En fin de cuisson, sortir la pintade du four et la réserver. Dégraisser le plat, le remettre à chauffer sur le gaz et ajouter de l'eau pour déglacer. Porter à ébullition.

Enlever le couvercle du faitout pour faire évaporer l'eau du chou. Détailler la pintade en quatre morceaux et les mettre sur le chou.

Dès les premiers bouillons, verser la sauce du plat dans le faitout en la passant au chinois et laisser infuser 5 ou 6 min.

Dresser sur assiettes très chaudes en partageant le chou, les légumes et les morceaux de saucisses, le tout recouvert de sauce.

poulet chasseur, pommes noisettes

Pour 4 personnes

1 poulet fermier (1,6 kg), 3 c.s. d'huile, 40 g de beurre, 200 g de lardons, 2 tomates, 150 g de champignons de Paris, 50 g de farine, 10 cl de cognac, 2 verres de vin blanc, 3 échalotes, 1 clou de girofle, thym, laurier, 1 branche d'estragon, cerfeuil, persil, sel, poivre

Pommes noisettes
1,3 kg de pommes de terre, 50 g de beurre, persil

Préchauffer le four à 220 °C.

Détailler le poulet et passer chaque morceaux dans la farine.

Dans un faitout, faire chauffer le beurre et l'huile. Placer le poulet côté peau et laisser colorer chaque côté pendant 3 ou 4 min. Saler et couvrir.

Mettre le faitout au four pendant 20 min.

Sortir le faitout du four, réserver les morceaux de poulet dans une assiette et vider l'excédent de graisse. Dans le reste de sauce, faire revenir les champignons pendant 2 ou 3 min jusqu'à évaporation de l'eau, puis faire rissoler les lardons et les échalotes.

Lier avec la farine, laisser cuire 2 min, verser le cognac et flamber. Déglacer au vin blanc.

Mettre les tomates concassées dans le faitout, mélanger doucement et rajouter le thym, le laurier, le clou de girofle et 50 cl d'eau. Remettre la volaille dans le faitout et laisser cuire 10 min à feu doux.

Pendant ce temps, préparer les pommes noisettes : avec un couteau à boule, couper des ronds de pommes de terre.

Faire blanchir les pommes dans l'eau froide portée à ébullition pendant 2 ou 3 min. Sur la plaque, faire fondre 50 g de beurre dans un plat allant au four.

Egoutter les pommes de terre, les déposer dans le beurre fondu, saler et placer le plat au four pendant 10 min.

Ajouter à la volaille une bonne poignée de cerfeuil, d'estragon et de persil hachés et laisser infuser 3 min.

Servir les morceaux de poulet nappés de sauce aux champignons et lardons avec les pommes noisettes et une branche de persil.

poule au riz

Pour 4 personnes

1 poule de 1,5 kg, 1 carotte, 1 oignon, 2 clous de girofle, thym, laurier, 200 g de riz long, 2 échalotes grises, 220 g de beurre, 140 g de farine, 300 g de champignons de Paris, 2 citrons, 2 c.s. de crème fraîche, 2 jaunes d'œufs, 1 botte de persil, sel fin, gros sel, poivre mignonnette, 1 noix de muscade

Placer la poule dans une marmite d'eau froide et porter à ébullition en écumant de temps en temps, si nécessaire.

Ajouter la carotte coupée en tronçons, l'oignon piqué de deux clous de girofle, le thym, le laurier et du gros sel. Couvrir et laisser cuire 2 h.

Dans une casserole, faire chauffer un fond d'eau, 30 g de beurre, le jus d'un demi citron et du sel fin. Ajouter les champignons, couvrir et laisser au feu 5 à 6 min. Réserver.

Dans une autre casserole faire blondir les échalotes hachées dans 50 g de beurre fondu, y verser le riz et mélanger pour que le beurre enrobe bien les grains. Ajouter du bouillon de cuisson de la poule (2,5 fois le volume du riz), saler légèrement, couvrir et laisser cuire 20 min.

Préparer la sauce

Faire un roux avec 140 g de beurre et 140 g de farine, laisser cuire 2 ou 3 min et laisser refroidir. Ajoûter cinq louches du bouillon de poule chaud (environ 1 litre), en fouettant sans cesse, vérifier l'assaisonnement et saupoudrer de muscade râpée.

Préparer une liaison

Dans un bol, mélanger le jus d'un citron, deux jaunes d'œufs, du poivre mignonnette et deux cuillères de crème fraîche.

Ajouter cette liaison à la sauce en mélangeant au fouet.

Détailler la poule, mettre les morceaux dans une cocotte et ajouter les champignons. Verser le jus des champignons dans la sauce et mélanger. Verser cet appareil sur les morceaux de poule en le passant au chinois et remettre à chauffer séparément, la poule et le riz.

Dresser chaque morceau sur assiette chaude, ajouter le riz, napper de sauce et saupoudrer de persil.

parmentier de confit de canard au foie gras

Pour 4 personnes

4 cuisses de confit de canard dans leur graisse,
2 échalotes de Bunes, 2 tomates, 200 g de foie gras,
1 kg de pommes de terre, 25 cl de lait,
100 g de beurre, chapelure, noix de muscade, sel et poivre

salade de chicons

Hacher finement les échalotes, épépiner et couper les tomates en brunoise, éplucher et couper les pommes de terre (bintjes) en morceaux.

Dans une marmite d'eau salée, faire cuire les pommes de terre pendant 10 min. Dans une casserole, faire bouillir 25 cl de lait avec 100 g de beurre.

Dans un saladier, écraser les pommes de terre au presse-purée, ajouter le lait bouilli, assaisonner, râper un peu de muscade et mélanger pour obtenir une purée bien homogène. Oter la peau, les os et les cartilages des cuisses de canard, puis émietter toute la chair.

Dans un faitout, faire blondir à feu doux les échalotes avec une cuillère de la graisse de canard. Ajouter la viande de canard émiettée, le foie gras et la brunoise de tomates. Saler, poivrer, mélanger délicatement et laisser mijoter quelques minutes.

Dans un plat à gratin, disposer d'abord le mélange de confit de canard, recouvrir de purée et saupoudrer de chapelure. Mettre au four à 180-200 °C pendant une dizaine de minutes pour faire gratiner.

Servir le parmentier avec une salade de chicons aux noix.

waterzoï de volailles

Pour 4 personnes

1 poule de Bourbourg (1,6 kg), 1 demi-boule de céleri, 1 poireau, 2 carottes, 2 navets, 40 g de beurre, laurier, 2 clous de girofle, 2 l d'eau, 4 c.s. de crème fraîche

Pour le roux
60 g de beurre, 60 g de farine, 1 citron

Faire une julienne avec tous les légumes.

Détailler la poule, réserver la carcasse et faire raidir la viande dans du beurre bien chaud. Réserver la viande dans un faitout.

Faire un bouillon avec les restes des légumes, la carcasse, le laurier et les clous de girofle plongés dans 2 litres d'eau. Laisser cuire le bouillon pendant 1 h.

En fin de cuisson, passer le bouillon au chinois et en arroser la viande. Faire mijoter 1 h 15.

Faire suer la julienne dans un beurre moussant, puis ajouter une louche du bouillon. Laisser cuire 4 ou 5 min.

Pour le roux, faire fondre 60 g de beurre et mélanger avec 60 g de farine. Verser le bouillon de poule froid sur le roux chaud, ajouter quatre cuillères de crème fraîche et arroser du jus d'un demi citron.

Dresser sur assiette chaude et accompagner d'un riz pilaf, par exemple.

Andouillette de cambrai, flambée au genièvre

Pour 4 personnes

4 andouillettes de Cambrai, 1 c.s. d'huile d'arachide, 2 verres de genièvre, 20 baies de genièvre, 2 échalotes, 1 noisette de beurre, 1 c.s. de crème fraîche, sel et poivre

Pour qu'elles donnent tout leur arôme, faire macérer les baies de genièvre dans un verre de genièvre pendant 2 h.

Faire chauffer l'huile dans une poêle et, quand elle est bien chaude, y déposer les andouillettes. Réduire et faire cuire à feu doux sans les piquer.

Une fois cuites, enlever l'excédent de graisse, remettre la poêle sur le feu, verser le genièvre et faire flamber.

Ajouter une grande cuillère de crème fraîche, les échalotes hachées, les baies de genièvre et une noisette de beurre.

Mettre les andouillettes dans les assiettes très chaudes, faire réduire la sauce et la verser sur les andouillettes.

Beultekaze dunkerquois

Pour 6 personnes

1/2 tête de cochon, 1 carotte, 2 oignons, 4 clous de girofle, 1/2 tête de céleri, 1 poireau, 1 bouquet garni, 2 échalotes, 5 gousses d'ail, 1 botte de persil, 1 verre de vin blanc, 4 endives, 4 rations de frites, sel et poivre

Dans une bassine, faire tremper la tête de cochon toute une nuit dans de l'eau froide.

Rincer la tête de cochon et la mettre à chauffer dans une grande marmite remplie d'eau froide.

Laver tous les légumes, éplucher la carotte et le blanc de poireau, couper la demi-tête de céleri en quartiers, piquer l'oignon avec les clous de girofle et tout mettre dans la marmite. Ajouter le bouquet garni, recouvrir et laisser cuire à petit bouillon pendant 5 h.

Décanter la tête de cochon, sortir et passer toute la viande à la moulinette. Eplucher et hacher le deuxième oignon, les échalotes et les gousses d'ail.

Dans une sauteuse, mettre ce mélange, la viande hachée de la tête, recouvrir du bouillon de cuisson et ajouter du persil, du sel et du poivre. Verser un verre de vin blanc sec, recouvrir et laisser mijoter 3 à 5 min.

Verser l'appareil dans un grand saladier et laisser reposer toute une nuit au réfrigérateur.

Pour servir, retourner le saladier sur un plat, le démouler, couper de gros quartiers et accompagner d'une ration de frites, d'une salade de chicon et d'une grande chope de bière.

Langue de bœuf sauce piquante

Pour 4 personnes

1 langue de bœuf, 1 oignon, 2 ou 3 clous de girofle, 1 bouquet garni, 4 mini carottes, 4 mini navets, 4 mini oignons blancs, 4 mini choux-fleurs, 4 pommes de terre, 2 échalotes, 1 tomate, 50 g de beurre, 2 c.s. de farine, 1 verre de vin blanc, 125 g de champignons de Paris, 1 citron, 6 cornichons (ou câpres), 1 c.s. de moutarde, 1 botte de ciboulette, 1 botte de persil, gros sel

La langue

Faire tremper la langue pendant 3 ou 4 h dans l'eau froide

Mettre la langue dans un grand faitout, avec 1 oignon piqué de clous de girofle, le bouquet garni et faire cuire pendant 3 h 30, en commençant à l'eau froide.

Après ce temps, ajouter les pommes de terre, les mini oignons blancs, les mini choux-fleurs et laisser cuire 20 à 25 min.

Ajouter enfin les mini navets, les mini carottes, du gros sel et continuer la cuisson 30 ou 35 min.

La sauce piquante

Faire cuire les champignons en morceaux dans du beurre, un peu d'eau et le jus d'un citron.

Dans une sauteuse, faire blondir les échalotes hachées dans du beurre, puis ajouter la tomate concassée, deux cuillères de farine et mélanger.

Laisser cuire 2 ou 3 min. Prendre 50 cl du bouillon de cuisson de la langue et un verre de vin blanc pour les verser dans la sauteuse. Laisser mijoter 15 à 20 min.

Passer cette sauce au chinois.

Rajouter les champignons, une cuillère de moutarde, une ou deux pincées de ciboulette et de persil hachés et les cornichons coupés en rondelles (selon le goût, on peut mettre des câpres).

Laisser frémir à petit feu 1 ou 2 min.

Après 4 h de cuisson, ôter la peau de la langue et couper la langue en tranches.

Dresser les assiettes avec deux tranches de langue accompagnée de tous les mini légumes, d'une pomme de terre et recouvrir de sauce piquante.

Rognons de veau flambés au genièvre

Pour 4 personnes

600 g de rognons de veau, 30 g de beurre, 1 échalote, 100 g de champignons de Paris, 12 baies de genièvre, 2 verres de genièvre, 1 verre de vin blanc, 1 c.s. de farine, huile, 1 c.s. de crème fraîche, sel, poivre, 1 botte de persil

Faire tremper les baies de genièvre dans un peu d'alcool de genièvre.

Enlever toute la graisse et couper les rognons en petits morceaux.

Dans une poêle, faire revenir les rognons dans un mélange de beurre et d'huile bien chaud pendant 4 ou 5 min. Ne pas saler sur cette première cuisson, les rognons perdraient tout leur sang.

Verser l'excédent de graisse de la poêle et, sur les rognons, verser l'échalote, les baies de genièvre préalablement trempées et une cuillère de farine. Mélanger, saler et poivrer.

Déglacer avec deux verres à alcool de genièvre, faire flamber, puis rajouter le vin blanc, les champignons et la crème fraîche.

Laisser chauffer, délayer une petite cuillère de moutarde dans la sauce et parsemer de persil haché.

Bricks de boudin et d'andouillette d'Arras

Pour 4 personnes

2 boudins noirs, 2 andouillettes d'Arras, 3 feuilles de brick, 1 l d'huile de friture, huile, beurre, vinaigre de framboise, moutarde forte, 1 gros oignon, 1 échalote grise, 8 tomates cerises, salade de mesclun

Préchauffer le four à 90 °C.

Préparer l'assaisonnement du mesclun : dans un saladier, déposer une grosse cuillère de moutarde forte, verser le vinaigre de framboise, le sel, le poivre et fouetter pour bien mélanger. Faire de même avec l'huile d'olive en versant deux à trois volumes d'huile pour un volume de vinaigre. Ajouter l'échalote finement hachée et réserver.

Dans une poêle faire d'abord cuire les andouillettes dans un mélange de beurre et d'huile bien chaud et faire de même avec les boudins, sans faire trop cuire.

Couper les feuilles de brick en six parts égales, comme pour un gâteau, et passer un pinceau huilé sur chaque quartier.

Couper les boudins et les andouillettes en grosses rondelles (il en faut dix-huit au total), et couper l'oignon en fines rondelles.

Envelopper chaque rondelle de boudin et d'andouillette dans un triangle de brick et refermer comme pour plier en portefeuille.

Déposer chaque brick sur une araignée et les plonger dans une friture très chaude. Laisser dorer de chaque côté et surveiller la cuisson qui est très rapide.

Egoutter les bricks sur un papier absorbant et réserver au chaud dans le four. Assaisonner la salade de mesclun et mélanger.

Plonger les rondelles d'oignon dans la friture une vingtaine de secondes.

Servir les bricks sur un lit de salade, avec deux tomates cerises et des rondelles d'oignon frit.

On peut préparer la même recette avec des restes de boudin ou d'andouillette, sans avoir à les cuire.

Rognons de veau à la moutarde

Pour 4 personnes

2 rognons entiers, 30 g de beurre, huile d'arachide, 1 échalote,
1 c.s. de farine, 25 cl de vin blanc sec, 3 c.s. de crème fraîche,
2 c.s. de moutarde de Dijon à l'ancienne

Enlever le gras des rognons entiers et retirer la fine peau transparente qui les entoure, ils se raidiront moins. Couper les rognons en dés.

Dans une sauteuse, faire revenir les rognons dans un mélange de beurre et d'huile bien chaud. Ajouter une échalote hachée et laisser saisir 2 à 3 min.

Saler, poivrer et retirer l'excédent de graisse si nécessaire. Ajouter une cuillère de farine et déglacer avec 50 cl de vin blanc sec.

Verser sur les rognons trois cuillères de crème fraîche, deux cuillères de moutarde de Dijon à l'ancienne et laisser mijoter 5 à 10 min selon le goût pour une cuisson rosée ou plus ferme.

Servir les rognons bien chauds, nappés de sauce à la moutarde ancienne et accompagnés de penne rigate aux champignons (Cf recette p. 112).

Tête de veau, sauce gribiche

Pour 4 personnes

1 demi-tête de veau roulée, 5 l d'eau, 2 c.s. de farine, 1 demi-citron, 2 oignons, 2 échalotes, 2 gousses d'ail, 3 clous de girofle, 1 bouquet garni, 2 carottes, 2 petits navets, 8 pommes de terre, 3 œufs durs, gros sel, sel, poivre, 3 ramequins d'huile, 1 demi-ramequin de vinaigre, 3 c.s. de câpres, 4 cornichons, 1 c.c. de moutarde, cerfeuil, estragon, persil, ciboulette

Dans une grande marmite, mélanger deux cuillères de farine et 5 litres d'eau à l'aide d'un fouet. Porter à ébullition.

Citronner la tête de veau roulée par le boucher et la plonger dans la marmite. Ecumer aux premiers bouillons. Ajouter du gros sel, les carottes coupées en tronçons, les navets entiers, un oignon piqué de trois clous de girofle, deux gousses d'ail épluché et le bouquet garni. Laisser cuire 3 h en écumant de temps en temps.

Préparer la sauce gribiche

Dans un saladier, écraser trois jaunes d'œufs durs et ajouter une cuillère à café de moutarde. Bien mélanger avec un fouet en versant tout doucement

l'huile (comme pour une mayonnaise). Verser le sel et le poivre, ajouter les échalotes hachées, les câpres, les cornichons coupés en rondelles et les blancs d'œufs écrasés. Mélanger.

Ajouter enfin le persil haché, le cerfeuil, la ciboulette et l'estragon ciselés.

Découper la tête de veau et dresser les assiettes avec deux tranches saupoudrées du reste d'herbes émincées et accompagnées de pommes de terre cuites à l'eau. Servir la sauce gribiche dans une saucière.

Blanquette de veau aux chicons

Pour 6 personnes

1,5 kg d'épaule ou de collier, 12 chicons, 2 jaunes d'œufs, 1 carotte, 1 oignon, 1 gousse d'ail, 80 g de farine, 70 g de beurre, 2 citrons, 3 c.s. de crème fraîche, 100 g de champignons de Paris, thym, laurier, 1 noix de muscade, 1 clou de girofle, gros sel, poivre mignonnette

Couper la viande en gros cubes et les plonger dans une grande marmite d'eau froide salée au gros sel. Faire bouillir et écumer. A ébullition, rajouter l'oignon piqué d'un clou de girofle, le thym, le laurier, l'ail et la carotte coupée en deux. Laisser cuire 1 h 15.

Faire la liaison

Dans un saladier, battre deux jaunes d'œufs, la crème fraîche, le jus d'un demi-citron, le poivre mignonnette et le jus des champignons préalablement cuits. Réserver.

Dans un faitout, faire fondre un morceau de beurre avec une pointe d'ail. Poser les chicons entiers et mouiller à hauteur, avec le bouillon de la blanquette. Saler, poivrer, presser le jus d'un citron, couvrir et laisser cuire 30 min.

Faire la béchamel

Préparer un roux avec 70 g de beurre fondu mélangé à 70 g de farine et laisser refroidir. Mouiller avec trois louches de bouillon sans jamais cesser de mélanger. Râper un peu de noix de muscade. La béchamel est prête quand elle est bien épaisse.

Réduire le feu et verser la liaison pour épaissir la sauce. Faire infuser la viande et les champignons dans cette sauce jusqu'au moment de servir.

Servir la blanquette dans un plat creux, entourée des chicons.

carbonades flamandes à la moutarde

Pour 4 personnes

1,6 kg de paleron de bœuf, 2 gros oignons, 50 g de beurre, huile d'arachides, thym, laurier, clous de girofle, 2 c.s. de cassonade brune, 3 tranches de pain rassis, moutarde, 1 l. de bière de garde, 1 kg de pommes de terre, 1 demi-bouquet de persil, sel et poivre

Couper la viande en cubes d'environ 5 cm. Eplucher et hacher l'oignon.

Dans un faitout, faire chauffer un mélange d'huile et de beurre et faire colorer la viande de chaque côté pendant quelques minutes.

Ajouter les oignons, mélanger, assaisonner et laisser blondir.

Pendant ce temps étaler généreusement de la moutarde sur chacune des faces des tranches de pain rassis.

Déposer les tranches de pain sur la viande, ajouter du thym, du laurier, deux clous de girofle, la cassonade et 1 litre de bière de garde. Porter à ébullition puis baisser le feu pour laisser mijoter pendant 3 h.

Eplucher et tailler les pommes de terre en forme de frites. Les plonger dans l'eau froide, les rincer et les essuyer. Plonger les frites dans une huile à 180 °C pendant 7 à 8 min. Les égoutter, augmenter la température de la fri-

ture à 220° et les replonger pour les saisir pendant 1 à 2 min. Les égoutter sur du papier absorbant avant de les saler.

Servir les carbonades, parsemées de persil haché et accompagnées de frites.

carbonades flamandes

Pour 4 personnes

1,4 kg de bœuf, 100 g de saindoux, 3 c.s. de farine, 3 c.s. de vinaigre, 1 l de bière brune, 50 cl d'eau, 3 c.s. de cassonade, 4 tranches de pain d'épice, 300 g d'oignon, laurier, thym, 2 clous de girofle, sel

Couper la viande en gros cubes et, dans une cocotte, la faire revenir dans le saindoux, 4 min de chaque côté, pour la faire colorer.

Saler, ajouter trois cuillères de farine, les oignons émincés et laisser cuire 5 min.

Déglacer le tout au vinaigre et verser le litre de bière brune et le demi-litre d'eau.

Au premier frémissement, ajouter la cassonade, le pain d'épice émietté, le thym, le laurier et deux clous de girofle.

Laisser mijoter 2 h 30 à 3 h.

Servir à même la cocotte pour garder la chaleur et accompagner de pommes de terre à l'eau ou de pâtes.

côtes de porc arleusiennes

Pour 4 personnes

4 côtes de porc épaisses (échine), 250 g de champignons de Paris, 4 tomates, 1 oignon, 8 fines tranches de bacon, 4 fines tranches de gruyère, 8 gousses d'ail d'Arleux, 50 cl de vin blanc sec, beurre, thym, laurier, fécule de maïs, sel et poivre

Eplucher l'oignon et le couper grossièrement. Eplucher et écraser les gousses d'ail.

Laver et détailler les champignons et les tomates.

Couper les côtes en deux dans l'épaisseur, glisser à l'intérieur deux tranches de bacon et une tranche de gruyère.

Fermer les côtes avec du fil et une aiguille de cuisine.

Dans un faitout, faire fondre un morceau de beurre, déposer les côtes et les oignons et faire colorer la viande de chaque côté.

Ajouter les tomates concassées, les champignons, l'ail écrasé, 50 cl de vin blanc, du thym, du laurier, saler et poivrer. Couvrir et laisser cuire à feu moyen pendant 1 h.

Délayer une cuillère de fécule de maïs dans un verre d'eau. Sortir la viande du faitout, verser la fécule dans la sauce et bien mélanger.

Dresser les côtes arleusiennes entourées de légumes et accompagnées de coquillettes nappées de leur sauce.

filet mignon de porc à l'avesnoise

Pour 4 personnes

800 g de filet mignon de porc, 600 g de roseval, 50 cl de bière de garde, 100 g de maroilles, 2 pommes reinettes, 3 c.s. de crème fraîche, 1 bouquet garni, 100 g de beurre, huile, 2 c.s. de farine, 1 demi-botte de persil, 50 g d'échalotes, sel, poivre, 1 noix de muscade, 2 bouquets de mâche

Couper le filet en lamelles de 2 cm d'épaisseur et la mettre dans un saladier avec la bière, le bouquet garni et une pincée de sel. Laisser mariner 3 h.

Faire cuire les pommes de terre en robe dans de l'eau bouillante salée.

En fin de cuisson, les éplucher et éplucher les pommes reinettes. Couper le tout en quartiers. Réserver.

Dans un faitout, faire colorer du beurre et de l'huile, y plonger les morceaux de viande à l'aide d'une écumoire et faire saisir pendant 5 ou 6 min. Saler, poivrer et ajouter deux échalotes hachées. Laisser mijoter.

Singer la viande avec la farine et mélanger.

Enlever grossièrement la croûte du maroilles et le couper en cubes.

Dans une poêle, faire sauter les pommes de terre dans de l'huile et du beurre bien chauds.

Dans une autre poêle, faire la même chose avec les pommes reinettes.

Dans le faitout, ajouter les cubes de maroilles et trois cuillères de crème fraîche. Laisser mijoter quelques minutes et retirer le bouquet garni.

Saupoudrer les pommes de terre de persil haché, dresser les assiettes en posant la viande au centre, entourée de mâche, de pommes de terre, de pommes reinettes et napper le tout de sauce.

Filet de veau cocotte

Pour 4 personnes

800 g de filet mignon, 2 c.s. d'huile d'arachide, 50 g de beurre, 100 g de lardons fumés, 4 petits oignons, 3 carottes, 2 navets nouveaux, 200 g de champignons de Paris, sel et poivre, 50 cl de bière blonde, 1 botte de persil, 1 bouquet de mâche

Préchauffer le four à 200-220 °C.

Dans une grande cocotte, faire colorer à petit feu le filet mignon dans un mélange de beurre et d'huile chaud. Saler et poivrer.

Ajouter les lardons, les laisser prendre 1 à 2 min, ajouter les petits oignons et attendre encore 1 à 2 min.

Ajouter les carottes coupées en tronçons, les navets et les champignons coupés en quartiers, couvrir et mettre au four pendant 20 min.

Sortir la cocotte, déglacer avec 50 cl de bière blonde et remettre au four pendant 20 à 25 min.

Servir chaud des tranches de filet entourées de lardons, de légumes et nappées du jus de viande. Décorer d'un peu de mâche et de persil haché.

Plat des fermes de Flandre, on peut remplacer les champignons de Paris par des champignons de cueillette… rosés-des-prés, mousserons, etc.

Gigot en croûte de pain, à la crème d'ail d'Arleux

Pour 6 personnes

1 kg de gigot d'agneau désossé, os du gigot, 600 g de lingots, 1 bouquet garni, 1 gros oignon, 2 clous de girofle, 1 carotte, 20 gousses d'ail, 50 cl d'eau, huile d'arachides, 50 g de beurre, 1 tranche de lard fumé, 2 c.s. de crème fraîche, 500 g de pâte à pain, sauge, thym, laurier, 1 œuf, pommes de terre, 1 bouquet de mâche, sel et poivre

La veille, mettre à tremper les lingots du Nord (petits haricots blancs) toute une nuit.

Préchauffer le four à 220 °C.

Dans une marmite d'eau froide, mettre les lingots, la carotte coupée en brunoise, un oignon piqué de deux clous de girofle, le bouquet garni et le lard coupé en morceaux dont il faut réserver la couenne.

Saler, porter à ébullition et laisser mijoter 45 min à découvert.

Eplucher toutes les gousses d'ail et en piquer trois dans la souris.

Dans une cocotte, faire chauffer un mélange de beurre et d'huile et y colorer le gigot de tous côtés en le retournant sans le piquer, avec les dix-sept gousses d'ail restantes, la couenne du lard fumé et les os du gigot.

Saler, poivrer et réserver la viande. Déglacer le jus de cuisson avec 50 cl d'eau et laisser confire l'ail une quinzaine de minutes.

Etaler la pâte à pain sur le plan de travail et y déposer une feuille de sauge, une branche de thym, deux feuilles de laurier. Poser le gigot par-dessus.

Envelopper le gigot dans la pâte en fermant hermétiquement, le retourner et le mettre sur la plaque du four préalablement beurrée. Dorer la surface avec un jaune d'œuf et mettre au four à 220 °C pendant 35 min.

Verser la sauce et les gousses d'ail dans une casserole, ôter les os et la couenne et passer au mixeur.

Dans une casserole, laisser légèrement réduire et incorporer deux cuillères de crème fraîche.

Sortir le gigot du four, le couper en tranches et dresser sur assiette très chaude. Napper de la crème d'ail.

Egoutter les haricots et servir avec des pommes de terre sautées, décorer de quelques feuilles de mâche.

Gigot d'agneau à l'ail d'Arleux confit

Pour 6 personnes

1 gigot d'agneau, les os de la selle, 3 têtes d'ail d'Arleux, 50 g de beurre, 20 cl d'huile d'arachides, 20 cl de lait, haricots lingots du nord, thym, laurier, 1 botte de cresson, 1 botte de persil, sel, poivre

Faire tremper les lingots du nord dans l'eau froide pendant 5 ou 6 heures.

Dans un plat allant au four, faire chauffer sur le feu un mélange d'huile et de beurre.

Débiter les têtes d'ail et piquer quatre gousses d'ail épluché dans le creux du jarret seulement pour que le gigot ne perde pas son sang. Dans le beurre et l'huile bien chauds, saisir le gigot de toutes parts. Saler copieusement, poivrer. Ajouter les os de la selle et poser le gigot par-dessus.

Faire cuire à four très chaud pendant 20 min. Retirer et laisser reposer 1 h.

Changer l'eau des haricots, ajouter une branche de thym, deux ou trois feuilles de laurier et saler. Laisser cuire pendant 1 h 30 environ.

Dans une casserole, pocher dans du lait le reste des gousses d'ail en chemise. Faire bouillir, puis réduire le feu.

Remettre le gigot au four pendant 20 min. Rajouter les gousses d'ail pochées 10 min avant la fin de cuisson pour les faire confire dans le jus.

Laver le cresson, couper les queues et essorer sur du papier absorbant.

Sortir le gigot et réserver. Retirer l'excédent de graisse du plat et faire caraméliser le jus sur le feu. Ajouter un peu d'eau pour déglacer et poser le gigot sur les os de la selle pour éviter qu'il trempe dans la sauce. Remettre au four 3 ou 4 min.

Couper et dresser sur assiette très chaude, les tranches de gigot saupoudrées de persil haché et accompagnées des gousses d'ail confites, des haricots et d'un bouquet de cresson.

Jambettes aux lentilles

Pour 6 personnes

6 jambettes salées de 250 g, 600 g de lentilles vertes, 3 saucisses fumées, 3 carottes, 3 pommes de terre, 2 gousses d'ail, saindoux, 3 oignons entiers, thym, laurier, 2 clous de girofles, 50 cl de vin blanc, gros sel, poivre, persil

Dans une grande marmite d'eau froide salée au gros sel, plonger les jambettes avec un oignon piqué de deux clous de girofle, du thym, du laurier.

Porter à ébullition et laisser cuire 1 h 30.

Une heure plus tard, dans un autre récipient, faire colorer dans le saindoux les saucisses coupées en tronçons.

Faire blondir 100 g d'oignon haché, puis les carottes coupées en rondelles et les gousses d'ail entières.

Ajouter le vin blanc et porter le tout à ébullition.

Plonger les lentilles dans la marmite, recouvrir largement avec du bouillon des jambettes et laisser cuire 30 min.

Après 1 h 30 de cuisson, placer les jambettes sur les lentilles, ajouter les pommes de terre coupées en morceaux et laisser mijoter 30 min.

Parsemer de persil haché, mélanger et servir bien chaud.

Hochepot

Pour 4 personnes

800 g de lard salé, 800 g de plat de côte, 1 kg de queue de bœuf, 2 oreilles de porc, 800 g de collier de mouton, 3 pieds de porc, 1 saucisson fumé, 1 oignon, 3 gousses d'ail, 1 chou, 4 poireaux, 8 carottes, 1 céleri, 3 navets, thym, laurier, 4 clous de girofle, 8 pommes de terre, sel, poivre, 8 baies de genièvre

Dans une grande marmite, faire démarrer à l'eau froide toutes les viandes, sauf le saucisson, et laisser blanchir une demi-heure.

Pendant ce temps, faire une brunoise avec le céleri, les navets et les carottes. Réserver.

Quand les viandes ont blanchi, écumer l'eau, puis ajouter la brunoise, les poireaux coupés en deux et ficelés en bottes, l'oignon piqué de quatre clous de girofle, les deux gousses d'ail, sept ou huit baies de genièvre, le thym et le laurier.

Saler généreusement, et laisser cuire pendant 2 h à couvert.

Deux heures après, ajouter le chou préalablement blanchi, le saucisson coupé en tronçons et les pommes de terre en quartiers, puis laisser mijoter encore une demi-heure.

Servir très chaud en répartissant dans l'assiette toutes les viandes et tous les légumes.

Jarret de bœuf à la bière

Pour 4 personnes

1,2 kg de jarret de bœuf, 50 g de saindoux, 2 carottes, 2 oignons, 1 l de bière de garde ambrée, 1 bouquet garni, 2 clous de girofle, 2 c.s. de farine, 1 gousse d'ail, sel et poivre

Couper le jarret de bœuf en quatre, détailler les oignons et les carottes en rondelles.

Dans un faitout, faire colorer la viande de tous côtés dans du saindoux très chaud.

Ajouter les oignons et les carottes et laisser cuire quelques minutes.

Mettre deux cuillères de farine et faire pincer 2 min. Saler, poivrer et mouiller avec 1 litre de bière ambrée. Ajouter le bouquet garni, deux clous de girofle, une gousse d'ail entière, couvrir et faire mijoter à feu doux pendant 1 h 45.

Servir les morceaux de jarret avec quelques rondelles de carotte et d'oignon, un peu de sauce et accompagnés d'une part de gratin avesnois.

Navarin d'agneau de pré salé

Pour 6 personnes

1,8 à 2 kg d'épaule d'agneau, 1 demi-ramequin d'huile, 2 gros oignons, 3 c.s. de farine, 2 gousses d'ail, 1 boite de concentré de tomates, sel, poivre, thym, laurier, 50 cl de vin blanc, 2 carottes, 2 navets, 6 petites pommes de terre, 100 g de petits pois, 100 g de haricots verts, petits oignons grelots

Couper l'agneau en gros morceaux et les faire colorer dans de l'huile bien chaude.

Ajouter les oignons et les laisser fondre quelques minutes. Ajouter ensuite la farine, mélanger et laisser cuire 2 min.

Ajouter l'ail, le concentré de tomates et les petits oignons grelots. Mouiller avec 50 cl de vin blanc puis avec de l'eau à hauteur. Porter à ébullition.

Saler, poivrer, ajouter le thym et le laurier et laisser mijoter pendant 50 min.

Pendant ce temps, dans de l'eau salée, faire cuire les carottes, les navets et les pommes de terre. Cuire les petits pois et les haricots verts à part.

Dresser les assiettes avec la viande, les légumes, la sauce et parsemer de persil.

queue de bœuf du bistrot

2 kg de queue de bœuf, 50 g de saindoux, 2 carottes, 2 oignons, 1 branche de céleri, 3 gousses d'ail d'Arleux, 1 bouquet garni, 1 grosse tomate, poivre mignonnette, sel, 2 c.s. de farine, 1 l de bière de garde, 50 cl de bouillon, 250 g d'oignons grelots, 1 sucre, beurre, 150 g de lardons fumés, 1 botte de persil, 1 kg de pommes de terre, 1 bouquet de mâche

Hacher deux oignons, couper deux carottes en petits dés, détailler la branche de céleri, concasser la tomate et éplucher l'ail.

Dans un faitout, faire revenir de tous côtés les morceaux de queue de bœuf dans du saindoux très chaud.

Ajouter les oignons hachés, les carottes en dés, les gousses d'ail entières, la tomate concassée, les lardons et poivrer.

Laisser cuire quelques minutes et ajouter le céleri, le bouquet garni et la farine. Laisser encore mijoter 2 min.

Mouiller avec 1 litre de bière de garde et 50 cl de bouillon de légumes. Saler, couvrir et laisser mijoter pendant 2 h 30.

Eplucher et faire cuire les pommes de terre à la vapeur.

Dans une casserole, mettre les oignons grelots à glacer pendant une dizaine de minutes avec un sucre, un morceau de beurre et une pincée de sel, jusqu'à l'évaporation complète de l'eau. Ajouter à la sauce les oignons ainsi caramélisés au dernier moment.

Dans chaque assiette préchauffée, servir un morceau de queue de bœuf nappé de sauce, accompagné d'une ou deux pommes de terre et de quelques feuilles de mâche. Saupoudrer de persil haché.

potjevleesch

Pour 8 personnes

4 cuisses de poulet, 4 râbles de lapin, 800 g de collier de veau, 800 g de lard frais, 2 l de vin blanc, 33 cl de vinaigre, 50 cl de gelée, thym, laurier, 2 clous de girofle, sel, poivre mignonnette, 500 g d'oignons

Dans une terrine, disposer toutes les viandes en couches bien tassées et les recouvrir d'oignons émincés.

Saupoudrer de sel et de poivre mignonnette.

Ajouter trois branches de thym, deux feuilles de laurier et deux clous de girofles.

Verser le vin blanc dans la terrine à hauteur, ainsi que les trois-quarts du vinaigre (garder un quart pour la fin de cuisson).

Mettre à cuire 3 ou 4 h à four doux (150 °C).

En fin de cuisson, ajouter le reste du vinaigre, la gelée liquide et remettre le tout à cuire 15 min.

Sortir la terrine du four et laisser refroidir avant de la mettre dans le réfrigérateur. Douze heures après, servir le potjevleesch froid. Couper des tranches et les accompagner d'un bouquet de cresson, de tomates cerises, de petits oignons au vinaigre et d'une portion de frites, bien sûr !

Ragoût de mouton de pré-salé aux lingots du Nord

Pour 6 personnes

1,8 kg de côtes de mouton (ou du collier), 50 g de saindoux,
200 g d'oignons, 3 gousses d'ail, 3/4 c.s. de farine, 500 g de lingots du Nord,
300 g de pommes de terre, 200 g de navets, thym,
laurier, 2 clous de girofle, sel et poivre

Faire tremper les lingots du Nord pendant quelques heures.

Dans une marmite, faire revenir les morceaux de mouton dans le saindoux. Ajouter les oignons hachés, trois cuillères de farine et mélanger. Laisser cuire 2 à 3 min.

Ajouter trois gousses d'ail et recouvrir d'eau à hauteur. Mettre le thym, le laurier, deux clous de girofle, un peu de sel et laisser cuire 50 min.

Dans un grand faitout, faire cuire les haricots pendant 40 à 45 min. Quand ils sont cuits, les égoutter, les rafraîchir et les verser dans la marmite du mouton avec les navets hachés très fins et les pommes de terre coupées en morceaux. Laisser mijoter pendant 30 min.

Servir très chaud.

sauté d'agneau d'estran, à la bière brune

Pour 4 personnes

750 g d'épaule d'agneau désossée, 1 gros oignon, 4 carottes, 4 navets, 4 pommes de terre, 75 cl de bière brune de Péronne, 50 g de farine, 4 gousses d'ail, beurre, huile d'arachides, 1 bouquet garni, 1 demi-botte de persil, sel et poivre

Préchauffer le four à 220 °C. Détailler la viande en gros dés.

Dans une cocotte, faire colorer la viande de tous les côtés dans un mélange bien chaud d'huile et de beurre.

Ajouter une carotte coupée en rondelles, un oignon haché et faire cuire quelques minutes. Vider l'excédent de graisse.

Mettre 50 g de farine, laisser pincer 1 ou 2 min et mouiller avec 75 cl de bière de garde brune. Ajouter le bouquet garni, l'ail écrasé, du sel, du poivre et mettre au four pendant 40 à 50 min.

Pendant ce temps, faire cuire les légumes coupés en gros dés (pommes de terre, carottes et navets) dans une casserole d'eau salée.

Déposer les morceaux d'agneau et les légumes égouttés dans un second faitout. Verser le jus de cuisson de la viande à travers un chinois et laisser infuser le tout 7 ou 8 min à petit feu.

Saupoudrer de persil haché au moment de servir.

Aumônières des hortillonages

Pour 4 personnes

150 g de haricots verts, 2 carottes, 2 navets, 100 g de petits pois, 10 oignons grelots, basilic, 100 g de beurre, 4 feuilles de brik, sel, poivre

Faire cuire séparément dans de l'eau bouillante salée, les haricots verts, les carottes, les navets et les petits pois. Egoutter et réserver.

Dans une cocotte, faire fondre 50 g de beurre, y mettre tous les légumes coupés en petits morceaux, rajouter les petits oignons grelots et le basilic ciselé.

Saler, poivrer et faire chauffer les légumes en prenant bien soin de tous les enrober de beurre. Laisser un peu refroidir.

Etaler les feuilles de brik sur le plan de travail, disposer chacun des légumes au centre d'une feuille et fermer en la pliant en portefeuille ou en la liant avec un fil de vert de poireau.

Dans une petite casserole faire fondre 50 g de beurre et à l'aide d'un pinceau, badigeonner la plaque du four.

Placer les aumônières sur la plaque, côté pliage et les enrober de beurre fondu. Mettre la plaque au four à 220 °C pendant 8 min.

On peut servir les aumônières, accompagnées d'un petit bouquet de mâche avec un gigot, un rôti, une viande grillée ou un foie poêlé.

Cake de lapin aux pruneaux

Quand il reste du lapin

Pour 6 personnes

200 g de lapin (restes), 50 g de pruneaux (restes), 3 œufs, 150 g de farine, 1 sachet de levure chimique, 50 g de beurre, 12,5 cl de lait entier, 150 g de gruyère râpé, 1/2 c.c. de sarriette, 1 échalote grise, 1 tomate, 1 c.s. de moutarde, 1 c.s. de crème fraîche, sel et poivre, 1 botte de cresson

Préchauffer le four à 180 °C.

Désosser les restes de lapin et couper la chair en petits morceaux. Couper les pruneaux en lamelles.

Dans un bol, mélanger la viande, les pruneaux, une demi-cuillère à café de sarriette, saler et poivrer. Réserver.

Faire le cake

Dans un saladier, battre trois œufs en omelette, ajouter 150 g de farine, un sachet de levure chimique, une pincée de sel et mélanger le tout au fouet.

Incorporer petit à petit 50 g de beurre fondu et 12,5 cl de lait entier préchauffé.

Ajouter 150 g de gruyère râpé, le lapin, les pruneaux et bien mélanger.

Verser l'appareil dans un moule à cake non graissé et mettre au four à 180 °C pendant 40 min.

Faire la sauce

Dans une poêle, faire fondre une noisette de beurre et faire blondir l'échalote émincée.

Ajouter la tomate concassée et la sauce du lapin aux pruneaux.

Aux premières bulles, verser une cuillère de moutarde de Dijon et une cuillère de crème fraîche. Bien mélanger à la cuillère de bois et laisser infuser.

Servir les tranches de cake tièdes, accompagnées d'un filet de sauce chaude et d'une salade de cresson.

gratin avesnois

Pour 4 personnes

1 kg de pommes de terre (chérie ou roseval), 150 g de crème de maroilles, 120 g de maroilles, 3 œufs, 1 gousse d'ail, 75 cl de lait, 50 g de beurre, 3 c.s. de crème fraîche, muscade, sel et poivre

Frotter un plat à gratin avec une gousse d'ail et le beurrer généreusement.

Eplucher, couper en rondelles (de l'épaisseur d'une pièce de 5 francs) les pommes de terre et les disposer dans le plat.

Dans un saladier, détendre la crème de maroilles avec 150 g de crème fraîche, râper un peu de noix de muscade, saler légèrement et poivrer. Ajouter les œufs entiers, 75 cl de lait, l'ail finement haché et mélanger vigoureusement.

Verser cet appareil sur les pommes de terre. Répartir dessus le fromage de maroilles coupé en petits dés et mettre au four à 200 °C pendant 1 h.

Lasagnes de légumes

Pour 6 personnes

250 g de lasagnes précuites, 2 aubergines, 500 g de champignons de Paris, 1 gros oignon, 3 gousses d'ail, 1 cube de bouillon, 450 g de tomates pelées, 450 g de haricots rouges (boîte), 1 brocoli, 100 g de tomates séchées, 2 c.s. d'huile d'olive, 1 c.c. d'herbes à pizza, parmesan râpé, gruyère râpé

Pour la sauce au fromage
60 g de beurre, 2 c.s. de farine, 50 cl de lait, 600 g de ricotta

Préchauffer le four à 180 °C et enduire d'huile un plat allant au four.

Couper les aubergines en petits morceaux (tranches/4) et les faire cuire 1 min dans une casserole d'eau bouillante. Eponger sur du papier absorbant.

Emincer l'oignon et les champignons, écraser les gousses d'ail et les tomates pelées, détailler le brocoli, égoutter les haricots et les tomates séchées et couper ces dernières en lamelles.

Dans un faitout, chauffer l'huile et y verser l'oignon, l'ail et les herbes à pizza.

Laisser cuire 5 min à feu moyen.

Ajouter les champignons et laisser cuire 1 min.

Ajouter les tomates écrasées, les aubergines, les haricots, le brocoli, le bouillon préalablement délayé, saler et poivrer.

Porter à ébullition puis baisser le feu pour laisser mijoter une quinzaine de minutes à découvert jusqu'à ce que la sauce épaississe. Réserver.

Préparer la sauce au fromage

Dans une casserole, mettre le beurre à fondre et ajouter la farine tout en remuant. Incorporer le lait petit à petit jusqu'à ébullition (1 min). Ajouter la ricotta et mélanger pour que la sauce devienne onctueuse.

Tremper les lasagnes dans l'eau chaude pour les ramollir et étaler quatre feuilles dans le plat à four.

Mettre sur les feuilles une première couche de légumes avec des lamelles de tomate séchée.

Recouvrir d'une couche de lasagnes et recommencer plusieurs couches pour finir par des lasagnes.

Napper de la sauce au fromage et saupoudrer du mélange de parmesan et de gruyère râpé.

Mettre au four pendant 45 min. Servir chaud.

La ricotta est un fromage frais italien issu de la coagulation du petit-lait, en provenance de diverses fabrications de fromages de vache ou de brebis.

Hachis parmentier

Quand il reste du porc

Pour 4 personnes

250 g de rôti de porc (restes), 2 steaks (restes), 1 saucisse (restes), 100 g de lardons fumés, huile d'arachide, beurre, 1 gros oignon, 2 échalotes, 2 gousses d'ail, bouillon de volaille (cube), 1 verre de vin blanc sec, 2 verres de lait, 1 bouquet garni, 2 œufs, 900 g de bintjes, noix de muscade, sel et poivre

Eplucher les pommes de terre et les faire cuire une vingtaine de minutes dans une cocotte d'eau bouillante et salée.

Dans un saladier, émietter la saucisse, hacher le porc rôti, les deux steaks, les lardons et mélanger.

Dans une sauteuse, faire chauffer un mélange de beurre et d'huile pour y faire blondir l'oignon et les échalotes émincés.

Ajouter le hachis de viandes et laisser colorer 7 à 8 min.

Verser un verre de vin blanc et un verre de bouillon de volaille, mettre le bouquet garni et l'ail haché, saler, poivrer et laisser mijoter une dizaine de minutes à feu doux.

Préparer une purée avec les pommes de terre écrasées, deux verres de lait, deux jaunes d'œufs, 60 g de beurre et un peu de muscade râpée.

Beurrer un grand plat allant au four et y déposer d'abord une couche de purée, puis une couche de hachis et enfin une dernière couche de purée. Parsemer de quelques noisettes de beurre et mettre au four à 180 °C jusqu'à ce que la surface soit bien dorée.

Servir avec une salade de jeunes pousses à l'huile de noix.

gratin d'artichauts

Pour 4 personnes

4 gros artichauts, 70 g de beurre, 3 c.s. de farine, noix de muscade, 75 cl de lait, 3 c.s. d'huile d'olive, 1 demi-botte de ciboulette, 1 demi-botte de persil, 3 tranches de pain, 1 tranche de jambon, 2 gousses d'ail, 150 g de champignons, sel et poivre, 2 c.s. de crème fraîche, 70 g de parmesan, 2 échalotes

Ebouillanter les artichauts et les passer rapidement sous l'eau froide pour leur garder toute leur couleur.

Dans un faitout, les faire cuire pendant 1 h dans de l'eau bouillante salée.

Effeuiller les artichauts, retirer le foin, gratter la chair des feuilles et dégager les cœurs. Réserver.

Préparer une béchamel

Dans une casserole, faire fondre 70 g de beurre et ajouter trois cuillères de farine sans cesser de battre.

Ajouter 75 cl de lait froid et porter à ébullition en remuant sans arrêt avec un fouet.

Saler, poivrer, râper un peu de muscade et laisser cuire encore 2 min. Réserver et préchauffer le four à 220 °C.

Préparer la farce

Dans une sauteuse, faire chauffer l'huile d'olive pour y faire revenir 3 ou 4 min, les champignons hachés très fins.

Ajouter le jambon haché et la chair des feuilles d'artichauts. Laisser cuire 1 min, mettre deux cuillères de crème fraîche, une cuillère de béchamel, la mie écrasée des trois tranches de pain et la ciboulette hachée. Remuer et laisser infuser 2 min.

Beurrer quatre petits plats individuels, poser les cœurs d'artichauts les garnir de farce et les napper de sauce béchamel.

Saupoudrer de parmesan et faire gratiner au four à 220 °C pendant 5 ou 6 min. Servir chaud.

gratin de nouilles

Pour 4 personnes

250 g de macaroni, 2 œufs, 50 cl de lait, 6 c.s. de crème fraîche, beurre, huile, 150 g de gruyère râpé, 1 c.s. de farine, noix de muscade, sel et poivre

Dans une casserole d'eau froide, verser une cuillère d'huile et mettre les pâtes à blanchir. Saler, porter à ébullition et laisser bouillir 2 ou 3 min.

Les égoutter et les rafraîchir.

Dans un bol, mélanger deux jaunes d'œufs, deux cuillères de crème fraîche et un peu de noix de muscade râpée.

Faire cuire les pâtes dans le lait, quand celui-ci est complètement absorbé, ajouter le mélange d'œufs et de crème fraîche.

Dans un plat à gratin beurré, déposer les pâtes, ajouter quatre cuillères de crème fraîche, recouvrir de gruyère râpé et d'une noisette de beurre.

Mettre le plat à four chaud pendant 10 à 12 min et laisser gratiner.

penne rigate aux champignons

Pour 4 personnes

400 g de penne rigate (pâtes), 300 g de trompettes, 2 c.s. d'huile d'olive, 1 tranche de jambon de Parme, 1 échalote, 5 c.s. de crème fraîche, 50 g de beurre, 1/2 botte de persil, sel et poivre

Laver ou brosser, essuyer et couper grossièrement les champignons.

Hacher l'échalote et couper le jambon avec le gras, en fines lanières.

Dans une casserole, faire colorer 50 g de beurre et y faire colorer l'échalote hachée et la chiffonnade de jambon.

Ajouter les trompettes-de-la-mort et les faire revenir quelques minutes, jusqu'à ce que le jus des champignons soit évaporé.

Saler, poivrer, ajouter quatre cuillères de crème fraîche et laisser infuser à couvert, à feu très doux.

Dans une marmite, faire chauffer de l'eau avec un filet d'huile d'olive et une pincée de sel. Plonger les penne rigate dans l'eau bouillante pendant 15 min en vérifiant la cuisson pour qu'elles restent « al dente ».

Quand elles sont cuites, égoutter les pâtes et les plonger dans la casserole en mélangeant pour qu'elles en soient bien imprégnées.

Parsemer de persil haché avant de servir.

Tous les champignons peuvent entrer dans cette recette, sinon qu'on mettra 400 g de champignons de Paris, à la saveur plus légère.

petits légumes des hortillons glacés

Pour 4 personnes

600 g de carottes nouvelles, 600 g de petits navets, 60 g de beurre, sucre en poudre, 1 botte de persil, 1 bouquet de mâche

Laver, essuyer et peler les petits légumes nouveaux.

Préparer deux casseroles avec 30 g de beurre, deux pincées de sucre en poudre et 25 cl d'eau froide pour chacune.

Dans la première casserole, faire cuire les carottes nouvelles coupées en petits tronçons à l'anglaise pendant 25 à 30 min.

Dans la seconde casserole, faire cuire les petits navets pendant une vingtaine de minutes.

Dans une poêle, verser le contenu des deux casseroles et finir la cuisson des légumes jusqu'à ce que l'eau s'évapore et que le sucre les caramélise.

Servir les petits légumes glacés décorés de persil et de mâche avec une viande au four ou en cocotte.

quiche de haddock, aux pointes d'asperges

Pour 6 personnes

250 g de farine, 150 g de beurre, 50 cl d'eau, 2 tomates, 250 g de filet de haddock, 50 g de mimolette, 1 botte d'asperges vertes, 5 œufs, 3 c.s. de crème fraîche épaisse, 1 noix de muscade, lait, sel et poivre

Faire dessaler le haddock dans du lait pendant 4 h.

Préparer la pâte

Dans un saladier, travailler à la main 250 g de farine, 50 cl d'eau, une pincée de sel, 150 g de beurre mou et deux œufs entiers jusqu'à obtenir une pâte homogène. Sous un linge humide, laisser reposer au frais une trentaine de minutes.

Séparer les pointes des asperges, éplucher et couper les queues en deux.

Dans une casserole d'eau bouillante et salée, faire cuire les pointes 7 ou 8 min et faire cuire les queues de la même façon, dans une autre casserole pendant 10 min. Egoutter et réserver.

Peler et couper le haddock en petits tronçons. Peler et couper les tomates en dés, ainsi que la mimolette.

Dans un saladier, battre trois œufs en omelette, avec trois cuillères de crème fraîche, de la muscade râpée, du sel et du poivre. Mixer les queues d'asperges et les ajouter à cet appareil.

Etaler la pâte dans un moule à tarte préalablement beurré, piquer le fond à la fourchette et le garnir avec le haddock, la mimolette et les tomates. Verser dessus l'appareil, disposer les pointes d'asperges en étoile et mettre 25 min au four à 200 °C/220 °C.

Servir chaud avec une salade de mâche ou de cresson.

petits choux farcis

Pour 4 personnes

1 chou vert frisé de 1,5 kg, 50 g de lard, 1 talon de jambon fumé (400 g), 1 œuf, 5 cl de lait entier, 1/2 baguette de pain rassis, 1 échalote, 1 bouquet de persil, 4 tomates, huile d'olive, saindoux, sel et poivre

Laver et égoutter le persil.

Détacher, laver et choisir les huit plus belles feuilles du chou. Blanchir ces feuilles en les plongeant 2 à 3 min dans l'eau bouillante salée. Egoutter et réserver sur un torchon propre. Faire blanchir le reste du chou.

Dans un saladier, émietter la mie du pain rassis, ajouter l'œuf battu, le lait et mélanger. Saler et poivrer.

Emincer l'échalote, détailler le lard (réserver une tranche) et le talon de jambon en dés et passer le tout au mixer avec le persil (la farce doit être assez verte).

Mélanger le hachis à la mie de pain, déposer cette farce sur chaque feuille de chou et replier les feuilles pour former huit petits choux. Assurer la fermeture avec de la ficelle à rôtir.

Poser les choux sur la grille d'un cuit-vapeur et laisser cuire 30 min.

Pendant ce temps, ébouillanter, peler, épépiner et faire revenir les tomates dans de l'huile bien chaude. Assaisonner et ajouter un filet d'eau pour obtenir un coulis de tomates. Séparer la tranche du lard réservé de la couenne, la couper en dés et la faire dorer au saindoux. Faire une julienne avec les autres feuilles du chou et les mettre avec le lard. Mouiller d'un peu d'eau et laisser cuire 15 min.

En fin de cuisson mettre les choux farcis à dorer dans une huile très chaude en les retournant de tous côtés.

Poser deux choux farcis sur assiette très chaude en plaçant d'abord un lit de la julienne de chou au lard et napper du coulis de tomate.

Riz mitoufle

Quand il reste du poulet

Pour 4 personnes

Poulet rôti (restes), petits pois (restes), jambon, champignons de Paris (cuits), grains de maïs, 250 g de riz long, 1 demi-poivron rouge, 2 tomates, 1 gros oignon, 1 bouquet garni, beurre, huile d'olive, 1 botte de persil, sel et poivre, sauce soja

Préparer un riz pilaf : cf page 150

Mettre le poivron au four à 120 °C pendant une vingtaine de minutes. Le peler entièrement et enlever tous les grains et les nervures.

Dépiauter tous les restes de poulet, épépiner les tomates et les détailler ainsi que le jambon, le poivron et les champignons de Paris.

Quand le riz est cuit, réduire le feu, ôter le bouquet garni, ajouter les morceaux de poulet, le jambon, les tomates, les champignons, les grains de maïs, le poivron et un filet d'huile d'olive.

Rectifier l'assaisonnement et mélanger délicatement.

Laisser cuire à feu doux, le temps de réchauffer tous les ingrédients.

Aromatiser de sauce de soja (à son goût) et saupoudrer de persil haché au moment de servir.

C'est la recette type de cet « art d'accommoder les restes » que les gens du nord, avares de gaspillage autant qu'ils sont généreux en cuisine, ont su porter au plus haut de l'art culinaire. Chacun fera selon son imagination, son inspiration et… ce qu'il a sous la main !

soissoulet

(cassoulet aux haricots de soissons)

Pour 4 personnes

800 g de collier de mouton, 500 g de lard, 6 rondelles de saucisson à l'ail, 6 petites saucisses fumées, 600 g de haricots de Soissons, 1 oignon, saindoux, 2 c.s. de tomate concentrée, 2 c.s. de farine, 1 bouquet garni, sel, poivre

Dans un grand faitout, mettre à cuire dans l'eau pendant 1 h, les haricots avec le bouquet garni.

Couper les morceaux de mouton et les faire revenir dans 50 g de saindoux.

Après coloration, ajouter l'oignon haché et laisser cuire encore 2 ou 3 min.

Saupoudrer le tout de farine et laisser sur le feu encore 3 min, sans cesser de mélanger.

Ajouter deux cuillères de tomate concentrée, les deux gousses d'ail et mouiller à hauteur. Saler, poivrer, mettre le bouquet garni et laisser mijoter pendant 30 min.

Après 1/2 heure, rajouter le saucisson à l'ail, le lard en morceaux et les saucisses fumées. Laisser cuire encore 30 min.

Passé ce temps, essorer les haricots et les verser dans le faitout pour que l'ensemble mijote encore pendant 1 h.

soufflé de pommes de terre

Pour 4 personnes

1 kg de pommes à purée, 25 cl de lait, 60 g de beurre, 5 œufs, 200 g de gruyère râpé, 1 noix de muscade

Préchauffer le four à 220 °C.

Dans un grand faitout, faire cuire les pommes de terre pelées à l'eau.

Vider l'eau de cuisson et écraser les pommes de terre avec un presse-purée.

Verser les 25 cl de lait, mettre 40 g de beurre et continuer à faire la purée.

Râper une bonne pincée de muscade et laisser un peu refroidir.

Dans un saladier, monter les blancs de cinq œufs en neige et réserver les jaunes.

Commencer à battre au fouet et continuer au batteur électrique.

Mettre les cinq jaunes d'œufs dans la purée et mélanger.

Incorporer un quart des blancs en neige dans la purée, ajouter 100 g de gruyère râpé et fouetter le tout.

Avec une spatule en bois, prendre la purée et l'incorporer petit à petit au reste des blancs sans les « casser ».

Beurrer un moule à soufflés et y mettre l'appareil.

Saupoudrer la surface avec le reste du gruyère, ajouter quelques noisettes de beurre et mettre au four pendant 35 min.

Servir le soufflé de pommes de terre dès qu'il est sorti du four, avec une viande rouge par exemple.

salsifis au cidre

Pour 4 personnes

800 g de salsifis frais, 2 grosses échalotes, 50 g de beurre, 3 c.s. de farine, 1 citron, 25 cl de cidre brut, 2 c.s. de crème fraîche, noix de muscade, sel et poivre

Nettoyer et éplucher les salsifis.

Dans une casserole d'eau frémissante, mettre deux cuillères de farine, le jus et l'écorce d'un citron, deux pincées de sel et y plonger les salsifis pour 30 à 35 min de cuisson.

Sortir les salsifis, les égoutter et les réserver.

Dans une autre casserole, faire colorer deux échalotes hachées dans 50 g de beurre fondu. Ajouter une cuillère de farine et la faire singer 1 ou 2 min en remuant sans cesse avec une spatule de bois, jusqu'à l'obtention d'une fine pellicule.

Déglacer avec 25 cl de cidre brut et y faire fondre deux cuillères de crème fraîche. Saler, poivrer et râper un peu de noix de muscade.

Mettre les salsifis dans la casserole et mélanger pour bien les enrober de sauce. Réduire le feu et laisser doucement infuser pendant 5 à 6 min.

Cette recette accompagne parfaitement toutes les viandes blanches.

Ne pas négliger la farine dans l'eau de cuisson des salsifis, c'est ce qui leur permet de rester bien blancs.

Tartines flamandes de jambon salé aux champignons farcis

Pour 4 personnes

9 tranches de jambon salé, 12 gros champignons de Paris, 1 c.s. d'huile d'olive, 1 échalote « cuisse de poulet », 2 gousses d'ail, 1 branche de thym, 1 botte de persil et 1 de cerfeuil, 1 verre de vin blanc sec, 50 g de gruyère râpé, 50 g de beurre, chapelure, 4 tranches de pain de campagne, vinaigre, 4 œufs, paprika, 1 bouquet de mâche, 12 tomates cerises, sel et poivre

Nettoyer les champignons, séparer les pieds des têtes, hacher tous les pieds plus quatre têtes et réserver. Couper une tranche de jambon salé en petits morceaux.

Dans une casserole, faire chauffer de l'huile d'olive et y déposer les champignons hachés, le jambon découpé, l'échalote et les gousses d'ail hachées, du thym, du persil, du sel et du poivre. Mélanger le tout, verser un verre de vin blanc et laisser cuire 5 ou 6 min.

Remplir les têtes de champignons avec cette farce et les mettre dans un plat légèrement huilé, saler et poivrer.

Recouvrir la farce de gruyère râpé, parsemer de chapelure, arroser d'un filet d'huile d'olive et mettre au four à 200 °C/220 °C pendant 10 min.

Pendant ce temps, beurrer de grosses tranches de pain de campagne et poser deux tranches de jambon salé sur chaque tartine.

Casser les œufs un à un et les faire pocher 3 min dans une casserole d'eau bouillante vinaigrée, en rabattant le blanc pour qu'il ne s'étale pas. Les plonger vivement dans l'eau froide pour arrêter la cuisson et les égoutter sur un papier absorbant.

Dresser les tartines sur une planche, poser un œuf poché dessus saupoudré de paprika et disposer tout autour trois champignons farcis, un petit bouquet de mâche, trois tomates cerises et une branche de cerfeuil.

Diplomate aux fraises

Pour 6 personnes

Diplomate
6 à 8 biscuits cuillers, alcool de framboise, 100 g de fruits confits, 250 g de fraises, 3 c.s. de sucre poudre, huile, 4 c.s. de crème fraîche, confiture de fraises, coulis de fraises

Crème anglaise
6 à 8 feuilles de gélatine, 75 cl de lait, 1 gousse de vanille, 200 g de sucre, 8 œufs

Faire la crème anglaise

Faire détendre la gélatine dans de l'eau et blanchir huit jaunes d'œufs avec la moitié du sucre.

Porter à ébullition 75 cl de lait mélangé au reste du sucre avec une gousse de vanille ouverte en deux.

Hors du feu, verser le lait petit à petit sur les jaunes d'œufs blanchis, sans cesser de battre au fouet.

Remettre sur le feu et remuer la crème jusqu'à ce qu'elle épaississe.

Retirer la casserole du feu et ajouter la gélatine, en continuant de battre.

Passer la crème au chinois et laisser refroidir dans un saladier.

Faire tremper la macédoine de fruits confits dans un alcool de framboises. Equeuter, couper les fraises en petits quartiers et les saupoudrer de sucre en poudre.

Huiler un moule à cake ou un moule à baba. Imbiber les biscuits cuillers coupés en deux d'alcool de framboise et chauffer légèrement un peu de confiture de fraises.

Battre la crème fraîche épaisse au fouet puis la verser sur la crème anglaise en coupant. Déposer le saladier de crème anglaise et le moule sur un lit de glaçons pour qu'il restent bien froids.

Egoutter les fruits confits et les étaler au fond du moule. Recouvrir ce fond de crème anglaise et superposer successivement les biscuits cuillers, la confiture de fraises, les fraises en quartiers et le reste de crème anglaise.

Placer le moule dans le réfrigérateur et le laisser reposer 2 à 3 h.

Démouler dans un plat de service et servir avec un coulis de fraises.

galette des rois à la frangipane

Pour 6 personnes

500 g de pâte feuilletée, 30 g de farine, 2 œufs, 100 g de beurre, 80 g de sucre glace, 10 g de Maïzena, 150 g de poudre d'amandes, 2 c.s. de vanille liquide, 2 c.s. de vieux rhum, 1 pincée de cannelle, 1 fève des rois

Dans l'endroit le plus frais de la cuisine, fariner le plan de travail et étaler au rouleau la pâte feuilletée coupée en deux parties. Faire deux ronds de la largeur d'une assiette, le second un peu plus large, et laisser reposer au frais.

Dans un saladier, bien mélanger 100 g de beurre ramolli et 80 g de sucre glace.

Mélanger la maïzena et la poudre d'amandes et verser le tout dans le saladier.

Tout en continuant à amalgamer avec une spatule, mettre un œuf entier et faire une pâte homogène.

Ajouter une pincée de cannelle, deux cuillères de vanille liquide et une larme de vieux rhum.

Mouiller la plaque du four avec un peu d'eau pour que la pâte ne colle pas, poser le rond de pâte le plus large et recouvrir de la frangipane jusqu'à 3 cm du bord, sans oublier de placer la fève.

Avec un pinceau, enduire de jaune d'œuf battu tout le tour de la pâte, jusqu'à 1 cm du bord (sinon la pâte risque de ne pas monter).

Placer le second rond de pâte sur l'ensemble, souder, retourner la pâte restante sur la soudure et historier la bordure avec une fourchette.

Avec un couteau, dessiner des croisillons sur la surface de la pâte sans trouer le feuilletage. Passer la dorure sur toute la surface et laisser reposer 30 min.

Mettre au four et commencer d'abord la cuisson à 250 °C pendant 10 min, puis baisser la température à 220 °C et laisser cuire 25 min.

Feuilleté de pommes à la cannelle

Pour 6 personnes

2 grosses pommes reinettes, 500 g de pâte feuilletée, 50 g de raisins de Corinthe, 200 g de vergeoise blonde, cannelle en poudre, 1 œuf, 100 g de farine, fleur de bière

Peler, ôter le cœur et couper les pommes en gros morceaux.

Déposer les morceaux de pommes dans un saladier et mélanger avec

200 g de vergeoise blonde, 50 g de raisins de Corinthe, une pincée de cannelle et deux verres à cognac de fleur de bière. Laisser macérer pendant 2 h.

Fariner le plan de travail, étaler la pâte feuilletée au rouleau en un rectangle d'environ 40 cm sur 30 et égaliser les côtés en coupant l'excédent de pâte.

Egoutter les fruits pour que le jus ne trempe pas la pâte et les disposer au centre de la pâte feuilletée.

A l'aide d'un pinceau, dorer au jaune d'œuf battu les côtés intérieurs pour bien coller les bords : faire un long chausson en roulant la pâte sur elle-même et aplatir les bouts. Déposer le gâteau sur la plaque du four préalablement humidifiée à l'eau.

Avec la pointe d'un couteau, dessiner des petits croisillons sur le dessus sans percer la pâte et dorer toute la surface au pinceau.

Mettre au four à 180 °C et laisser cuire environ 30 min.

Servir tiède avec une boule de glace à la cannelle ou de vanille saupoudrée de cannelle.

La réputation du grand glacier Dagniaux n'est plus à faire et les Lillois font la queue devant l'échoppe pour se régaler de créations savoureuses, dont cette fameuse glace à la cannelle.

gâteau battu

Pour 6 personnes

250 g de farine, 25 g de levure du boulanger, 2 œufs, 15 cl de lait, 50 g de sucre en poudre, 1 pincée de sel, 75 g de beurre, petit verre de rhum ou de calva (facultatif)

Déposer la farine en fontaine sur le plan de travail.

Délayer la levure dans trois cuillères d'eau chaude.

Incorporer la levure et deux œufs entiers à la farine.

Ajouter le lait petit à petit et travailler la pâte à la main jusqu'à ce qu'elle ne colle plus.

Incorporer le sucre en poudre et ajouter une pincée de sel.

Frotter les mains avec de la farine pour que la pâte s'en détache facilement.

Déposer le pâton dans un saladier et incorporer peu à peu 75 g de beurre fondu en continuant de bien travailler la pâte à la main.

Facultatif : verser un petit verre de rhum ou de calva dans la préparation.

Beurrer un moule à charlotte, y mettre la pâte, recouvrir d'un linge humide et laisser reposer 1 h 30 à 2 h.

Mettre le moule au four à 180 °C et laisser cuire une trentaine de minutes.

Servir le gâteau battu avec de la confiture de rhubarbe ou une crème anglaise.

Tarte flamande aux pommes

Pour 8 personnes

1 fond de tarte, 1,5 kg de pommes reinettes, 150 g de vergeoise brune, 50 g de beurre, cannelle, 1 citron, 200 g de sucre semoule, crème fraîche

Laver, peler et couper les pommes en gros morceaux irréguliers, réserver les épluchures. Conserver trois pommes entières pour la garniture et les passer au citron pour éviter qu'elles noircissent.

Préchauffer le four à 180 °C.

Dans une casserole, mettre les quartiers de pommes avec 100 g de vergeoise et un fond d'eau.

Faire cuire doucement à couvert pendant 15 à 20 min pour faire une compote (il doit rester des morceaux entiers).

En fin de cuisson, ajouter un soupçon de cannelle et un morceau de beurre pour lier la compote. Laisser refroidir.

Couper les trois pommes restantes en fins quartiers.

Etaler le fond de tarte (pâte à foncer ou pâte brisée), le poser dans une tourtière beurrée et y déposer la compote sur toute la surface. Poser les quartiers de pommes en spirale sur la compote, en les faisant chevaucher et déborder légèrement du plat.

Saupoudrer le tout du reste de vergeoise et y déposer deux ou trois noisettes de beurre.

Mettre la tourtière au four pendant 35 min.

En fin de cuisson, sortir la tarte et laisser tiédir.

Dans une casserole, faire cuire les épluchures de pommes avec 200 g de sucre et un fond d'eau pendant 15 min. Passer cette cuisson au chinois pour obtenir un sirop.

Recouvrir la tarte de cet abricotage à l'aide d'un pinceau.

Servir tiède avec un peu de crème fraîche.

gâteau au sucre à la crème de citron

Pour 6 personnes

250 g de farine, 2 c.s. de sucre, 2 œufs, 5 cl de lait, 100 g de beurre, 10 g de levure du boulanger, sel, 100 g de cassonade, 20 cl de crème fleurette, feuilles de menthe

Pour la crème citron

3 citrons, 3 œufs, 250 g de sucre, 85 g de beurre

Dans une casserole, diluer la levure dans le lait tiède et dans une autre, faire fondre 100 g de beurre.

Dans un saladier, mélanger la farine, le beurre fondu, la levure, deux cuillères de sucre et une pincée de sel.

Délayer délicatement la pâte pendant 2 min pour qu'elle devienne bien homogène. Recouvrir le saladier d'un linge humide et chaud et réserver à température ambiante pendant 1 h.

Pendant ce temps, beurrer et fariner un moule à manqué et préparer la crème au citron.

Faire fondre 85 g de beurre dans une casserole au bain-marie.

Râper et conserver le zeste d'un citron, presser et conserver le jus des trois.

Mettre le citron râpé dans le beurre au bain-marie, le jus des citrons, trois œufs entiers, 250 g de sucre semoule, une ou deux feuilles de menthe et remuer doucement à la cuillère de bois pendant une quinzaine de minutes pour faire une crème onctueuse.

Oter la menthe et réserver la crème au froid. Préchauffer le four à 180 °C.

Retravailler la pâte et l'étaler dans le moule. Recouvrir de nouveau d'un linge humide et laisser reposer à température ambiante pendant un petit quart d'heure.

Reprendre la pâte et faire quelques puits avec les doigts sans trop enfoncer. Saupoudrer toute la surface de cassonade et parsemer de quelques noisettes de beurre. Mettre le gâteau au four pendant 15 min.

Sortir le gâteau, verser dessus 20 cl de crème fleurette et laisser absorber.

Couper des parts du gâteau encore tiède et les entourer de crème au citron bien fraîche.

Tarte au chocolat

Pour 8 personnes

Pâte à foncer
250 g de farine, 125 g de beurre, 1 pincée de sel, 1 demi-ramequin d'eau, 2 œufs

Appareil
1 demi-ramequin de lait, 250 g de chocolat (cacao 65 %), 350 g de crème fraîche, 5 oeufs, 30 g de beurre, 125 g de sucre, 50 g de chocolat en copeaux

Sur le plan de travail, déposer la farine et faire un puits pour y mettre le beurre mou, les œufs, le sel et l'eau. Travailler tout doucement cette préparation à la main en ramenant la farine vers le centre.

Ecraser ensuite la pâte avec la paume de la main pour bien incorporer le beurre. Ajouter un peu de farine pour que la pâte ne colle plus et malaxer.

Quand la pâte est devenue homogène, fariner le plan de travail et l'étaler avec un rouleau.

Déposer la pâte dans une tourtière et piquer le fond à l'aide d'une fourchette.

Mettre à four chaud et cuire à blanc pendant 10 min pour que la pâte durcisse.

Dans une casserole au bain-marie, faire fondre le chocolat avec le lait, un peu de sucre et le beurre.

Battre les œufs avec la crème fraîche et le reste du sucre. Hors du feu, ajouter cette préparation au chocolat fondu.

Sortir la tourtière du four et verser la préparation sur la pâte.

Remettre au four pendant 25 min à 200 °C. La tarte va gonfler et se fissurer légèrement.

En fin de cuisson sortir la tarte du four, laisser refroidir et décorer la surface de copeaux de chocolat.

Tarte au fromage blanc

Pour 6 personnes

200 g de farine, 125 g de beurre, 80 g de sucre glace, 2 œufs, 1 pincée de sel, 250 g de fromage blanc, 125 g de crème fraîche, 125 g de sucre, 4 feuilles de gélatine, 1 citron, 4 c.s. de lait, 125 g de spéculos

Préparer la pâte sablée

Dans un saladier, placer la farine en fontaine, verser le sucre glace, une pincée de sel, le beurre ramolli, deux jaunes d'œufs et un soupçon d'eau. Mélanger.

Verser ce mélange sur le plan de travail fariné, travailler la pâte du bout des doigts et ajouter un peu de farine pour que la pâte ne colle pas.

Etaler la pâte au rouleau. Une fois aplanie, l'enrouler autour du rouleau fariné et la dérouler au-dessus d'un moule à tarte beurré.

Foncer la pâte dans le moule, la piquer avec une fourchette et découper l'excédent de pâte en donnant un coup de rouleau sur les bords du moule.

Laisser reposer au frais une trentaine de minutes. Au four, faire cuire la pâte à blanc, recouverte d'un papier d'aluminium et de haricots secs d'abord à 220 °C pendant 15 min puis à 200 °C pendant 5 min, sans le papier.

Préparer l'appareil

Dans un saladier, mélanger au fouet 250 g de fromage blanc et 125 g de crème fraîche pour les détendre. Ajouter la moitié du sucre.

Dans une casserole, faire fondre à feu doux la gélatine dans quatre cuillères de lait et le jus d'un demi-citron.

Ajouter l'autre moitié du sucre et verser ce mélange dans le saladier.

Battre les blancs en neige avec une pincée de sel et une goutte de jus de citron et mélanger à l'appareil, en coupant.

Verser l'ensemble sur le fond de tarte refroidi et recouvrir des spéculos écrasés.

Mettre au frais pendant 3 ou 4 h.

Servir la tarte avec un coulis de framboises.

Tarte aux poires du Téméraire

Pour 8 personnes

1 pâte brisée, 6 poires conférences, 500 g de grains de cassis, 300 g de pruneaux, 15 cl de vin rouge, 20 g de sucre semoule, sucre glace

Pour le sirop

1 l d'eau, 350 g de sucre, 1 gousse de vanille

Peler, équeuter et évider les poires en les coupant en deux.

Dans une casserole, faire chauffer 1 litre d'eau, 350 g de sucre et une gousse de vanille fendue en deux. Porter à ébullition et faire pocher les poires pendant 20 min dans ce sirop. Egoutter les poires et réserver.

Dénoyauter les pruneaux.

Dans une autre casserole, faire chauffer 15 cl de vin rouge avec 20 g de sucre. A ébullition, ajouter les pruneaux et les grains de cassis et laisser cuire 45 min.

Beurrer un moule à tarte assez haut, étaler la pâte et la déposer dans le moule en piquant toute la surface avec une fourchette.

Recouvrir la pâte de la compote de pruneaux et de cassis et y poser les demi-poires en étoile.

Mettre au four à 200 °C pendant 35 min.

Servir la tarte froide, saupoudrée de sucre glace.

Les Flandres furent longtemps la terre de prédilection des ducs de Bourgogne dont elles gardent un précieux héritage gastronomique.

Tarte à la rhubarbe

Pour 8 personnes

Pour la pâte
250 g de farine, 2 œufs, 1 demi-ramequin d'eau, 125 à 150 g de beurre, 1 pincée de sel

Pour l'appareil
500 à 700 g de rhubarbe, 300 g de cassonade blonde, 3 c.s. de crème fraîche, 3 oeufs

Laver, peler et couper les branches de rhubarbe en très petits morceaux (comme une brunoise).

Les faire dégorger pendant 3 h dans 150 g de cassonade pour leur faire perdre toute amertume.

Vider le jus et réserver.

Préchauffer le four à 220 °C.

Verser la farine sur le plan de travail légèrement fariné, faire un puits au milieu et y mettre les œufs, le beurre ramolli, le sel et l'eau.

Mélanger les ingrédients jusqu'à l'obtention d'une pâte consistante. La sécher légèrement avec de la farine et malaxer.

Etaler la pâte au rouleau à pâtisserie et la déposer dans une tourtière. Après l'avoir piquée avec une fourchette, la recouvrir de papier d'aluminium et lester avec des haricots secs ou des lentilles.

Laisser reposer 15 min au réfrigérateur et précuire 10 min au four.

Dans un saladier, incorporer trois œufs entiers, trois cuillères de crème fraîche et 100 g de cassonade blonde. Mélanger pour obtenir une crème onctueuse.

Sortir la tourtière du four, ôter la feuille d'aluminium et saupoudrer légèrement la pâte de farine pour absorber l'humidité. Déposer la rhubarbe sur toute la surface et recouvrir le tout avec la crème à la cassonade. Saupoudrer l'ensemble avec le reste de cassonade et mettre au four 20 à 25 min.

Laisser refroidir et servir avec un peu de crème fraîche.

Tarte au suc'roux

Pour 8 personnes

10 cl de lait, 20 g de levure de boulanger, 250 g de farine, 5 g de sel, 1 pincée de sucre semoule, 2 œufs, cannelle, 100 g de cassonade brune, 60 g de beurre

Dans un saladier, verser 10 cl de lait tiédi. Ajouter la levure, le sucre et le sel en mélangeant à la main. Sans cesser de mélanger, ajouter l'œuf et 200 g de farine en pluie.

Ajouter enfin, petit à petit, le beurre en morceaux.

Bien pétrir et ajouter les 50 g de farine restants. Faire une boule avec la pâte et la travailler avec les mains jusqu'à ce qu'elle devienne élastique.

Poser cette boule sur une assiette, la recouvrir avec un torchon humide et laisser lever à température pendant 1 h (la boule de pâte doit doubler de volume).

Fariner le plan de travail, étaler la pâte avec un rouleau et la mettre dans une tourtière préalablement beurrée. Caler les bords avec les doigts, recouvrir à nouveau du torchon humide et laisser monter pendant 30 min.

Dans un bol, mélanger un œuf entier et une pincée de cannelle et verser sur la pâte. Couvrir toute la surface avec 100 g de cassonade brune et y disperser quelques noisettes de beurre.

Mettre au four à 200 °C pendant 20 min.

Servir tiède ou froid.

Tarte à la vergeoise

Pour 8 personnes

Pour la pâte

250 g de farine, 15 g de levure alsacienne, 2 œufs, 1 pincée de sel, 80 g de beurre, 10 cl de lait

Pour l'appareil

120 g de vergeoise blonde, 50 g de beurre, 2 œufs, 2 c.s. de crème fraîche, 80 g de sucre perlé

Préchauffer le four à 220 °C et beurrer généreusement une tourtière.

Faire la pâte briochée avec tous les ingrédients et l'étendre au rouleau, en farinant un peu pour faire un fond de tourtière assez épais.

Etaler la pâte dans la tourtière sans faire de bord (comme pour une pizza), et laisser reposer sous un linge humide 1 h à température ambiante.

Dans un bol, casser deux œufs et mélanger à la crème fraîche, à l'aide d'un fouet.

Dans la tourtière, la pâte étant gonflée, appuyer dessus avec les doigts de façon à former des petites cavités. Napper la surface ainsi creusée avec la préparation d'œufs et de crème en prenant soin de bien remplir tous les trous.

Saupoudrer la tarte avec 120 g de vergeoise blonde, parsemer de quelques noisettes de beurre et de sucre perlé.

Mettre au four pendant 15 à 20 min.

Sortir du four et servir sans attendre pour que la brioche ne perde pas de son moelleux.

Beignets de ducasse

Pour 6 personnes

200 g de farine, 10 cl de lait, 10 cl de bière blonde, 3 c.s. d'huile, 1 pincée de sel, 4 œufs, 3 pommes reinettes, 100 g de sucre semoule, 3 cl de calvados, sucre glace, 1 huile de friture, 1 citron

Dans un saladier, disposer la farine en fontaine, casser deux œufs au milieu et ajouter une pincée de sel. Mélanger au fouet en versant doucement

le lait et la bière. Ajouter trois cuillères d'huile et mélanger. Laisser reposer cette pâte au réfrigérateur pendant 1 h.

Pendant ce temps, peler les pommes, les évider au vide-pomme, les couper en grosses rondelles (environ quatre par pomme) et les arroser de citron pour qu'elles ne noircissent pas.

Déposer les rondelles dans un plat, les saupoudrer de sucre de chaque côté et les arroser de calvados. Réserver.

Dans un saladier, battre en neige les blancs des deux œufs restants avec une pincée de sel. Poser les blancs sur la pâte et les incorporer en « coupant » la pâte avec une spatule en bois.

Faire chauffer la friture, l'huile doit être chaude mais pas fumante (faire un essai avec une boulette de pâte).

Plonger les rondelles de pommes dans la pâte puis les jeter dans la friture. Laisser cuire 5 ou 6 min en les retournant une fois.

Sortir les beignets et les égoutter sur un papier absorbant. Servir chaud, après avoir saupoudré les beignets de sucre glace.

gâteau de riz

Pour 6 personnes

250 g de riz rond, 300 g de sucre semoule, 40 g de beurre, 75 cl de lait, 3 œufs, 2 c.s. de crème fraîche, 1 orange, 1 citron, 1 gousse de vanille, 10 cl de rhum, 100 g de raisins de Corinthe, 150 g de fruits confits

Dans un bol, faire tremper les raisins secs et les fruits confits dans du rhum. Zester les agrumes.

Dans une casserole d'eau bouillante, faire blanchir le riz 3 à 4 min puis le rincer à l'eau froide et l'égoutter.

Dans une autre casserole, faire chauffer 75 cl de lait avec une gousse de vanille fendue en deux et les zestes d'orange et de citron. Quand il est chaud, verser le riz, couvrir et laisser cuire 20 min à feu doux.

En fin de cuisson, ôter la vanille et préchauffer le four à 180 °C.

Dans une petite poêle, faire chauffer 150 g de sucre semoule allongé d'un demi-verre d'eau pour faire un caramel. Commencer à feu réduit puis continuer à feu vif. Napper un moule à cake en aluminium jetable avec le caramel et réserver.

Dans un saladier, mélanger les jaunes de trois œufs, 150 g de sucre, deux cuillères de crème fraîche et 40 g de beurre en morceaux.

Hors du feu, verser ce mélange dans la casserole de riz, ajouter les raisins et les fruits confits imbibés de rhum et mélanger le tout.

Remettre 1 à 2 min à feu doux pour tiédir les fruits, tout en mélangeant pour que le riz n'attache pas.

Verser cette préparation dans le moule jetable, celer et faire cuire au four dans un bain-marie pendant 40 min.

Laisser refroidir le gâteau pendant 3 à 4 h sans le mettre au réfrigérateur et le démouler en découpant l'aluminium aux ciseaux pour qu'il ne s'abîme pas. Servir en tranches nappées de crème anglaise.

Gaufres fourrées à la vergeoise

Pour 4 personnes

Levure de boulanger, 2 c.s. de sucre semoule, 375 g de beurre, 25 cl de lait, 4 œufs, 1 sachet de sucre vanillé, 500 g de farine, 500 g de vergeoise blonde, 1 verre de rhum

Dans un bol, mettre un carré de levure du boulanger avec deux cuillères de sucre semoule et un verre d'eau chaude.

Mélanger et laisser travailler la préparation.

Dans une casserole, faire chauffer 25 cl de lait et y faire fondre 250 g de beurre.

Battre quatre œufs dans un cul-de-poule puis ajouter peu à peu le contenu de la casserole tout en continuant de fouetter.

Verser l'appareil dans un saladier contenant 500 g de farine disposée en fontaine et mélanger doucement.

Ajouter la levure dissoute et le sachet de sucre vanillé.

Travailler à la main ou au fouet pour obtenir une pâte lisse et homogène. Couvrir le saladier avec un linge et laisser reposer 2 à 3 h.

Préparer la farce

Dans une casserole, faire fondre à feu doux 125 g de beurre et ajouter 500 g de vergeoise blonde. Mélanger avec une spatule en bois.

Pétrir vigoureusement et ajouter un verre de rhum au dernier moment.

Faire les gaufres

Dans un gaufrier à petits trous bien chaud, déposer de grosses noix de pâte.

Déposer les gaufres une fois cuites sur un papier d'aluminium.

Fendre les gaufres en deux dans leur épaisseur et remplir de farce à la vergeoise.

Refermer.

Recouvrir chaque gaufre ainsi fourrée, d'une feuille de papier d'aluminium et mettre un poids dessus pour qu'elle s'aplatisse et refroidisse en adhérant bien.

crème brûlée à la chicorée

Pour 4 personnes

*50 cl de crème fleurette, 5 œufs, 60 g de sucre semoule,
1 c.s. de chicorée liquide, vergeoise blonde*

Préchauffer le four à 100 °C.

Dans une casserole, faire tiédir la crème fleurette (crème liquide), à petit feu. Dans un saladier, travailler cinq jaunes d'œufs et 60 g de sucre semoule, à l'aide d'un fouet. Verser la crème tiédie sur les œufs, tout en continuant de battre.

Ajouter une cuillère de chicorée liquide au mélange. Avec une louche, verser cette crème dans quatre petits poêlons. Mettre les poêlons au four pendant 30 min.

En fin de cuisson, sortir les poêlons du four, la crème doit être tremblotante. Laisser reposer au frais pendant 2 h.

Une fois refroidies, saupoudrer les crèmes de vergeoise blonde et remettre les poêlons sous le grill (salamandre), très chaud, pendant 2 à 3 min. ou les passer au fer à brûler.

Servir aussitôt avec des petits sablés à la chicorée, par exemple.

gratin de fraises de verlinghem

Pour 6 personnes

600 g de fraises de Verlinghem, 4 œufs, 20 cl de crème fraîche liquide, 60 g de sucre semoule, 25 g de poudre d'amande, Grand Marnier

Laver rapidement les fraises sans les équeuter et sans les tremper.

Préchauffer le four à 220 °C.

Beurrer six plats à gratin individuels et les saupoudrer de poudre d'amande.

Dans une casserole, faire chauffer la crème fraîche liquide, à feu très doux. Dans un saladier, blanchir les jaunes de quatre œufs avec 60 g de sucre. Battre au fouet et verser doucement la crème tiède, puis une larme de Grand Marnier.

Laver, équeuter et couper les fraises en deux. Les disposer dans les petits plats et les recouvrir de crème.

Mettre au four et faire cuire 6 ou 7 min. Servir chaud.

petits gâteaux à la citrouille

Pour 6 personnes

200 g de citrouille, 80 g de farine, 50 cl de lait, 320 g de sucre semoule, 4 œufs, 50 cl de crème anglaise

Dans une poêle, faire un caramel avec 200 g de sucre et un peu d'eau.

Verser le caramel dans le fond de six ramequins.

Couper la chair de la citrouille en petits morceaux et les faire infuser à feu doux dans 50 cl de lait.

Pendant ce temps, dans un saladier, battre les œufs en omelette, ajouter la farine, 120 g de sucre et le reste de lait, faire chauffer cette préparation jusqu'aux premiers bouillons pour qu'elle épaississe.

Lorsque la citrouille est attendrie, l'écraser en compote, la rajouter à l'appareil, mélanger et verser le tout dans les ramequins.

Placer ces ramequins au bain marie dans un four à 180 °C pendant 35 à 40 min.

En fin de cuisson, sortir les ramequins et laisser refroidir. Les placer ensuite au réfrigérateur pendant 3 à 4 h (il vaut mieux préparer les gâteaux la veille pour le lendemain).

Servir les gâteaux à la citrouille, accompagnés d'une crème anglaise.

Pour les démouler plus facilement, déposer les ramequins dans l'eau chaude pendant quelques instants, de façon à décoller le caramel.

pain perdu à la cassonade, crème anglaise

Pour 6 personnes

Tranches de pain rassis (ou brioche), 6 œufs, 20 cl de lait, 3 c.s. de cassonade brune, 80 g de beurre, 1 filet d'huile

Pour la crème anglaise
50 cl de lait, 6 œufs, 125 g de sucre semoule, 1 gousse de vanille

Faire la crème anglaise

Mettre un saladier dans le réfrigérateur ou sur un lit de glaçons.

Dans une casserole, verser 50 cl de lait avec 60 g de sucre et une gousse de vanille fendue en deux. Faire chauffer jusqu'à ébullition.

Dans une autre casserole, blanchir au fouet les jaunes de six œufs avec le reste du sucre.

Passer le lait bouillant au chinois recouvert d'un torchon propre, pour le verser sur les œufs blanchis sans cesser de battre.

Remettre la crème sur le feu et remuer doucement avec une cuillère de bois, sans faire bouillir.

Sortir le saladier rafraîchi et y verser la crème. Mélanger encore jusqu'à ce qu'elle refroidisse et réserver au frais.

Faire le pain perdu

Dans un saladier, casser six œufs, les battre en omelette et ajouter 3 cuillères de cassonade brune et 20 cl de lait. Mélanger le tout.

Mettre l'appareil dans un grand plat creux et y faire tremper les tartines de pain ou de brioche rassis.

Dans une poêle, faire fondre le beurre avec un filet d'huile.

Quand le mélange commence à mousser, mettre les tartines imbibées dans la poêle et les faire revenir des deux côtés.

Garnir les assiettes de crème anglaise et déposer dessus le pain perdu.

petits sablés à la chicorée

Pour 8 personnes

300 g de farine, 200 g de beurre, 100 g de sucre glace, 2 œufs, 1 pincée de sel, 3 cuillères de chicorée liquide

Dans un saladier, mélanger à la main tous les ingrédients dans la proportion indiquée, jusqu'à l'obtention d'une pâte homogène.

Fraiser la pâte

Fariner le plan de travail et y écraser la pâte avec la paume de la main, pour la lisser.

Modeler la pâte pour faire trois cylindres compacts de 5 ou 6 cm de diamètre et les mettre dans un plat au réfrigérateur pendant 1 h.

Préchauffer le four à 180 °C.

Sortir les cylindres du réfrigérateur et les couper en fines tranches. Les disposer, sans les chevaucher, sur la plaque du four préalablement beurrée et farinée.

Mettre au four et laisser cuire 10 à 12 min.

Laisser refroidir les petits sablés, avant de les déguster.

pudding de pain rassis

Pour 8 personnes

250 g de pain rassis, 120 g de raisins secs, 10 cl de rhum, 75 cl de lait, 300 g de sucre semoule, 3 œufs, 75 g de beurre, 1 citron, confiture d'abricot

Dans un bol, faire macérer les raisins secs dans le rhum.

Faire le caramel

Dans une poêle, faire fondre 150 g de sucre avec un peu d'eau et remuer doucement. A la première coloration, verser ce caramel dans le moule à gâteau et enduire tous les côtés. Réserver.

Dans une grande casserole, faire tiédir 75 cl de lait avec quelques zestes de citron.

Ajouter 75 g de beurre dans le lait tiédi, sans cesser de remuer.

Emietter le pain rassis dans la casserole, amalgamer le pain et le lait et verser le bol de raisins secs au rhum.

Mélanger, ajouter le sucre et éteindre le feu. Réserver.

Dans un bol, battre les œufs en omelette, puis les verser dans la casserole. Mélanger et verser cet appareil dans le moule à pudding caramélisé.

Mettre au four à 150 °C, au bain-marie, pendant 1 h.

En fin de cuisson, sortir le pudding du four et laisser refroidir.

Préparer l'abricotage

Dans une casserole, faire chauffer deux cuillères de confiture d'abricot allongées d'eau, mélanger au fouet et laisser cuire 1 ou 2 min.

Sortir le pudding du réfrigérateur et le mettre au bain-marie sur le gaz, de façon à décoller le caramel. Démouler le pudding et le mettre sur le plat de service. A l'aide d'un pinceau enduire toute la surface d'abricotage.

Servir en tranches épaisses accompagnées de confiture d'abricot ou de crème anglaise.

sabayon de fruits rouges au champagne

Pour 4 personnes

24 framboises, 24 mûres, 16 fraises, 12 grappes de groseilles, 24 myrtilles ou cassis, 2 kiwis, 5 jaunes d'œufs, 120 g de sucre, 1 verre de champagne, 1 demi-citron

Préchauffer le four à la salamandre à 250 °C.

Laver et préparer les fruits : équeuter les fraises, peler et couper les kiwis en rondelles, égrapper les groseilles.

Déposer les fruits rouges dans un saladier, saupoudrer de sucre et presser le jus d'un demi-citron.

Mélanger tout doucement pour ne pas abîmer les fruits.

Disposer tous les fruits dans quatre petits plats à crème brûlée et réserver au freezer. Dans une casserole, mélanger au fouet cinq jaunes d'œufs avec 100 g de sucre.

Mettre la casserole dans un bain-marie et battre en huit au fouet pendant 4 ou 5 min. Retirer de temps en temps la casserole du bain-marie, sans cesser de battre, pour que le mélange ne chauffe pas trop (la température ne doit jamais dépasser 90 °C).

Quand le mélange fait le ruban et devient onctueux, verser doucement le champagne, tout en continuant de battre jusqu'à ce qu'il devienne mousseux.

Sortir les poêlons du freezer les remplir du sabayon et les mettre au four.

Laisser gratiner quelques minutes et servir chaud, accompagné de tranches de cake.

Tarte au riz « césarine »

75 cl. de lait, 200 g de riz rond, 1 gousse de vanille, 3 œufs, sel, 420 g de sucre, 105 g de beurre, 40 g de farine, 4 pommes reinette, 1 citron

Dans une casserole, mettre 75 cl de lait avec une gousse de vanille fendue en deux et y faire cuire 200 g de riz rond dans pendant une vingtaine de minutes, jusqu'à ce que le riz ait absorbé tout le lait.

Oter la gousse de vanille et réserver le riz. Préchauffer le four à 180 °C. Beurrer une tourtière.

Dans deux bols, séparer les blancs des jaunes de trois œufs. Dans un saladier, battre les jaunes avec 300 g de sucre à l'aide d'un fouet, ajouter 40 g de farine et 75 g de beurre fondu et ajouter cette préparation au riz.

Battre vivement les blancs en neige avec une pincée de sel.

Incorporer les blancs en neige à l'appareil, petit à petit, à l'aide d'une spatule en bois et verser le tout dans la tourtière beurrée.

Mettre au four à 180 °C pendant 35 min.

Préparer une compote de pommes :

Dans une casserole, faire fondre 30 g de beurre dans un fond d'eau. Mettre les pommes épluchées et coupées en morceaux, 120 g de sucre et le jus d'un demi-citron.

Couvrir et laisser cuire 15 min.

En fin de cuisson, ajouter une noisette de beurre à la compote de pommes et bien mélanger le tout.

Sortir la tarte du four et la saupoudrer immédiatement de sucre. Servir avec la compote tiède.

Toutes les recettes sont composées, sauf indication contraire, pour 4 personnes.

Abricoter

C'est passer au pinceau, sur la surface d'un gâteau ou d'une tarte, de la confiture d'abricot délayée dans un peu d'eau tiédie.

Arôme patrelle

C'est un arôme culinaire destiné à teinter joliment les sauces, on peut aussi utiliser du viandox, mais celui-ci est plus fort et plus salé.

Beurre blanc

150 g de beurre, 2 échalotes grises, 2 cuillères de crème fraîche, 5 cl de vinaigre blanc, 5 cl de vin blanc, 2 citrons, ciboulette, sel et poivre.

Dans une casserole, faire bouillir le vin blanc, le vinaigre et les échalotes hachées jusqu'à réduction de moitié. Ajouter la crème fraîche et laisser épaissir. Placer la casserole au bain-marie et y incorporer le beurre, morceau par morceau en remuant la préparation.

Beurre manié

« Tant de farine pour tant de beurre », à égalité. Quand la pommade est bien pétrie, rajouter un bouillon et porter à ébullition.

Blancs en neige

Pour faire prendre les œufs, ne pas oublier de rajouter une pincée de sel et une ou deux gouttes de citron.

Bouquet garni

Thym, laurier, 1 clou de girofle, 2 branches de persil, 1 feuille de poireau.

Dans une large feuille de poireau, mettre une branche de thym, une feuille de laurier, un clou de girofle et deux branches de persil. Replier la feuille de poireau en portefeuille autour des ingrédients et lier le tout avec une ficelle de cuisine. Le truc c'est de laisser un long bout de ficelle de façon à attacher le bouquet garni à la queue de la casserole pour pouvoir le retirer aisément.

Cassonade

Sucre non raffiné, blond ou brun, extrait de la cane à sucre. (*Voir vergeoise*).

Crème anglaise

Prévoir de la verser dans un bol reposant sur un lit de glace pour arrêter la cuisson.

Croûtons

Les ôter de la poêle avant coloration car ils continuent à colorer en dehors du feu.

C.S.

La cuillère à soupe rase qui sert de dose (10 g de sucre semoule ou de sel, 5 g de farine).

C.C.

La cuillère à café rase (3 g de sucre ou de sel).

Dose verre

Verre à vin = 20 cl.

Verre à cognac = 5 cl.

Friture

Pour savoir si l'huile est à température (180 °C), jeter une goutte d'eau à la surface. Si elle claque ou éclabousse c'est qu'elle n'est pas assez chaude.

Marinade

Ne pas saler une marinade, le sel noircit la viande, mais mettre un peu d'huile sur la surface qui fait une pellicule de protection en refroidissant.

Mayonnaise

L'huile et l'œuf doivent être à la même température. Mettre 25 cl d'huile par jaune d'œuf et ajouter une cuillère de vinaigre quand la mayonnaise est montée.

Pommes de terre frites

Choisir des pommes de terre de consommation courante, un peu farineuse (comme la bintje), plutôt que des pommes de terre nouvelles gorgées d'eau qui ne feront pas bon ménage avec la friture. Les rincer soigneusement après les avoir coupées en forme de frites et bien les essuyer pour enlever le maximum d'amidon et empêcher qu'elles se colorent trop vite : on pourrait croire qu'elles sont cuites alors qu'elles ne le sont pas. Mettre dans la friteuse une huile de friture, de la graisse végétale ou, comme dans le Nord, une graisse animale. La friture doit être à 180 °C, plonger une frite dans l'huile, si elle grésille immédiatement autour c'est que la friture est à température. Ne pas mettre trop de frites en même temps dans la bassine car les pommes de terre froides font retomber immédiatement la température à 150 °C, les frites ne commencent à dorer que lorsque la température remonte. Le petit truc, c'est de les retirer après une première cuisson rapide (pochage 130 °C) puis de les remettre à frire (180 °C/200 °C) après qu'elles ont refroidi. Ne les saler qu'après cuisson.

Riz pilaf

200 g de riz basmati, 1 gros oignon, 40 g de beurre.

Dans une casserole, faire fondre 40 g de beurre et y faire blondir l'oignon haché. Mettre les 200 g de riz et mélanger pour que le beurre enrobe complètement les grains. Ajouter deux fois et demie le volume d'eau au volume de riz, plonger le bouquet garni et saler. Laisser cuire 16 à 18 min à couvert.

Rognons

Si les rognons sentent un peu, les jeter 2 à 3 min dans de l'huile très chaude.

Roux (pour béchamel)

Moitié beurre, moitié farine, mélanger et laisser cuire jusqu'à formation d'une fine pellicule dans le fond de la casserole. Toujours inverser le mélange pour éviter les grumeaux : soit liquide chaud sur roux froid, soit liquide froid sur roux chaud.

Températures du four

150 °C = Thermostat 3/4
170 °C = Thermostat 5
200 °C = Thermostat 6
220 °C = Thermostat 7
240 °C = Thermostat 8
250 °C = Thermostat 9.

Vergeoise

Sucre de betterave, blond ou brun, provenant du sirop de raffinage. (Voir cassonade).

Table des recettes